ALBERTO DELL'ISOLA
O homem-memória brasileiro

MENTES EXTRAORDINÁRIAS

Como desenvolver todo o potencial do seu cérebro

São Paulo
2020

© 2013 by Universo dos Livros
Todos os direitos reservados e protegidos pela Lei 9.610 de 19/02/1998.

Nenhuma parte deste livro, sem autorização prévia por escrito da editora, poderá ser reproduzida ou transmitida sejam quais forem os meios empregados: eletrônicos, mecânicos, fotográficos, gravação ou quaisquer outros.

Dados Internacionais de Catalogação na Publicação (CIP)
Angélica Ilacqua CRB-8/7057

D357m   Dell'Isola, Alberto
           Mentes extraordinárias : como desenvolver todo o potencial do seu cérebro / Alberto Dell'Isola. — São Paulo : Universo dos Livros, 2018.
           64 p. : il.

           ISBN: 978-85-503-0408-3
           1. Mnemônica I. Título

18-0100   CDD 153.14

Diretor editorial
Luis Matos

Editora-chefe
Marcia Batista

Assistentes editoriais
Ana Luiza Candido
Raíça Augusto
Raquel Nakasone
Aline Graça
Letícia Nakamura

Preparação
Isadora Prospero
Juliana Gregolin

Revisão
Fabiana Chiotolli
Viviane Zeppelini
Francisco Sória

Arte
Aline Maria
Valdinei Gomes

Capa
Rebecca Barboza

Universo dos Livros Editora Ltda.
Rua do Bosque, 1589 • 6º andar • Bloco 2 • Conj. 603/606
Barra Funda • CEP 01136-001 • São Paulo • SP
Telefone/Fax: (11) 3392-3336
www.universodoslivros.com.br
e-mail: editor@universodoslivros.com.br
Siga-nos no Twitter: @univdoslivros

PARTE I – MEMÓRIA

Introdução: o que é a memória?

A memória é normalmente entendida como uma fita de vídeo, como se todas as nossas experiências estivessem gravadas para sempre. No entanto, lembrar implica um processo ativo de reconstrução e não se assemelha a assistir a uma fita de vídeo do passado. De acordo com nosso interesse e envolvimento emocional, nossas memórias são continuamente modificadas, selecionadas, torcidas, construídas, reconstruídas e destruídas.

Alguns pesquisadores costumam falar em "códigos de memória" em vez de "memórias", porque dessa forma nos lembramos que a memória não é uma reprodução da realidade e sim uma criação humana. Os "códigos de memória" não se diferenciam apenas em seu conteúdo. Apesar de concordarmos sobre o que seria um cachorro, a palavra "cachorro" evocará memórias diferentes em cada um de nós. Essas memórias diferenciam-se pelo conteúdo (conhecemos cachorros diferentes em toda nossa vida) e pela nossa relação pregressa com o animal (pessoas que já sofreram ataques caninos certamente evocarão memórias negativas ao ouvir a palavra "cachorro").

Estratégias externas e internas

Costumamos dividir as técnicas de memória em dois tipos: estratégias internas e externas de memória.

As estratégias externas dizem respeito à inserção de códigos de memória no próprio ambiente. Um exemplo desse tipo de estratégia é, na véspera de levar alguns documentos importantes para alguém, deixá-los sobre a mesa. No dia seguinte, ao avistá-los, eles serão capazes de evocar a importância de levá-los consigo.

Em contrapartida, as estratégias internas dizem respeito à criação de uma codificação mais adequada da informação, como os processos mnemônicos, por exemplo.

ESTRATÉGIAS EXTERNAS

Existem diversas maneiras de se otimizar o espaço físico para melhorar a memória:
- Estruturar o ambiente de forma a proporcionar maior concentração (isto é, algumas pessoas precisam de um certo nível de barulho no ambiente para poder se concentrar. Em

contrapartida, outras precisam de silêncio absoluto. Extremos de temperatura também atrapalham a memória. No entanto, entre esses extremos, certamente existe uma temperatura que é a ideal para você. Assim, o importante é: ter um ambiente adequado e utilizá-lo constantemente nessas condições ideais de memorização.

- Utilizar algum auxílio ambiental para facilitar a recordação, como por exemplo:
  a. Anotar compromissos em uma agenda ou calendário e criar o hábito de utilizá-los de maneira sistemática;
  b. Escrever nas costas da mão;
  c. Utilizar diversos alarmes para lembrá-lo de suas atividades;
  d. Colocar objetos em algum lugar conspícuo;
  e. Colocar um pequeno nó no dedo indicador;
  f. Utilizar organizadores gráficos – sistemas de anotação eficientes, que contêm diversos códigos visuais de memória, tornando a aprendizagem até cinco vezes mais rápida.

Auxílios mnemônicos no ambiente: dicas para o uso
Se você precisa tomar algum medicamento a cada quatro horas, não faz sentido algum utilizar recursos mnemônicos em vez de utilizar o despertador para lembrá-lo. O mesmo vale para a agenda. Se você possui uma vida muito atribulada, nada mais adequado do que utilizar uma agenda para se lembrar de seus compromissos. O grande problema é quando se confia nessas estratégias de maneira excessiva, tornando-se incapaz de memorizar qualquer coisa, por mais simples que seja. Assim, para lhe auxiliar em sua jornada em busca da super-memória, seguem os momentos ideais para o uso desses recursos visuais:
• Na ocorrência de um grande número de atividades distrativas entre a codificação mnemônica (momento em que se deseja memorizar) e o momento de evocação (momento em que se deseja lembrar). Por exemplo, quando você, no início do expediente, decide ligar para alguém no final de sua jornada de trabalho.

- Quando existe um longo período entre a codificação mnemônica e a evocação. Por exemplo, na ocasião em que você precisa lembrar de inscrever-se para uma prova de algum concurso público que só ocorrerá daqui a três meses.
- Quando existe um momento preciso em que a lembrança deve ocorrer. Por exemplo, quando você precisa tirar o bolo do forno ou tomar um remédio.
- No momento em que as estratégias internas não são seguras o bastante. Por exemplo, quando alguém deixa um recado urgente que não pode ser esquecido.
- Quando precisar se lembrar de detalhes minuciosos. Por exemplo, quando você anota uma receita ou dicas de como se resolver uma equação matemática.
- Quando houver sobrecarga da memória operacional. Por exemplo, no momento em que você está fazendo mais de uma coisa ao mesmo tempo e precisa memorizar alguma informação.

ESTRATÉGIAS INTERNAS

As estratégias internas dizem respeito às técnicas de aprimoramento de memória que favoreçam o caminho da informação pelas redes neurais. São técnicas que ajudam a codificação do assunto a ser memorizado, facilitando o registro de informações. Grande parte deste livro tem por base estratégias internas, em que criamos códigos poderosos de memória, facilitando a evocação superior. Grande parte das técnicas aqui abordadas se encaixam nessa categoria.

Os riscos da multitarefa

Nós acreditamos sermos capazes de dirigir e falar ao celular ao mesmo tempo; estudarmos enquanto vemos tevê; navegar pela Internet enquanto conversamos com nossos filhos, esposa (o), colega de trabalho ou até mesmo escrever um e-mail enquanto falamos ao telefone, sem que qualquer uma dessas tarefas seja prejudicada. No entanto, isso não acontece! Ao contrário de nossos sistemas operacionais, capazes de executar diversas tarefas ao mesmo tempo, somos péssimos quando executamos mais de uma coisa simultaneamente.

A MEMÓRIA E A APRENDIZAGEM

Inglês em concursos

O inglês tem sido o vilão de grande parte dos "concurseiros". Quantas vezes você não cancelou a inscrição de um determinado concurso simplesmente porque o inglês era uma das matérias incluídas no edital?

O Método Dell'Isola

Quando iniciei meu treinamento de memória, existiam pouquíssimos livros em português sobre o assunto. Desse modo, tive que recorrer a livros em diversos idiomas, como inglês, italiano, espanhol e alemão. Assim, o que você vai encontrar nas páginas a seguir, foi o método que utilizei para ser capaz de ler livros estrangeiros em uma velocidade realmente incrível.

Crianças têm mesmo mais facilidade?

Muitas pessoas acreditam que um adulto não é capaz de imitar a fluência de alguém que aprendeu outro idioma na infância. E realmente existem estudos que comprovam isso.

No entanto, as pessoas costumam confundir essas descobertas: que a idade de aquisição afeta o aprendizado da gramática – com a ideia de que crianças adquirem um vocabulário vasto mais rápido do que adultos. Isso é discutível. Adultos, por outro lado, têm um grande número de vantagens sobre as crianças na aquisição de novas palavras:

• eles geralmente têm mais estratégias de aprendizado do que as crianças;

• eles têm um maior vocabulário na sua língua nativa (o que torna mais fácil encontrarem semelhanças entre os idiomas);

• eles têm (por enquanto) uma maior capacidade na memória de trabalho.

Por esses motivos, adultos podem aprender novas palavras mais rápido do que as crianças. O motivo da crença de que crianças têm maior facilidade na aquisição de um novo vocabulário surge da aparente mágica envolvida no processo de aprendizado infantil. Apesar de realmente existir algo "mágico" no processo em que uma criança aprende gramática, a aquisição de vocabulário não é tão mágica assim.

Na verdade, crianças são bem lentas no aprendizado de novas palavras, aprendendo em média:

12 – 16 meses:	0.3 palavras/dia
16 – 23 meses:	0.8 palavras/dia
23 – 30 meses:	1.6 palavras/dia
30 meses – 6 anos:	3.6 palavras/dia
6 – 8 anos:	6.6 palavras/dia
8 – 10 anos:	12.1 palavras/dia

Fonte: How Children Learn the Meanings of Words, Paul Bloom (2000).

PARTE II – APRENDIZAGEM

O MÉTODO DELL'ISOLA PARA APRENDER IDIOMAS

Aprendendo idiomas na escola

As pessoas costumam crescer acreditando que aprender novos idiomas é algo difícil. Não é difícil! Simplesmente parece uma tarefa complicada porque a forma como os idiomas são ensinados em nossas escolas (e provavelmente em outras escolas do mundo) é chata e ineficiente. O fato de poucos de nós apresentarmos fluência no inglês ou francês, apesar de a maioria ter tido aulas destes idiomas no colégio, confirma a ineficiência desse método de ensino tradicional.

Neste capítulo você vai aprender a fazer uma aquisição por imersão: como se estivesse realmente em outro país.

Erros comuns ao iniciar o aprendizado

Ouvirei o curso em áudio enquanto arrumo a casa, lavo o carro, dirijo para o trabalho ou durmo.

Apesar de parecer uma forma de ganhar tempo, infelizmente essas abordagens não funcionam. Você não pode apenas apertar o botão de play e deixar o idioma fluir em você. Infelizmente, estudos mostram que o estudo subliminar não é eficiente. É o mesmo que achar que basta estar matriculado em uma academia de ginástica para ficar esbelto. Você pode usar as audiobooks em momentos em que você realmente não está fazendo nada, podendo se dedicar integralmente ao aprendizado, como na sala de espera do seu dentista ou no ponto de ônibus.

Ao estudar o material em áudio, tente absorver o máximo das informações indicadas na gravação, escutando cada palavra, aprendendo, dominando e sempre avaliando seu aprendizado de cada novo trecho.

Como não estou mais na escola, o tempo não é importante. Aprenderei no meu ritmo, pularei um ou dois dias e o material estará sempre me esperando.

Esse é um dos maiores mitos no aprendizado de novos idiomas. O aprendizado de um novo idioma tem muito em comum com um inimigo militar. Não o deixe descansar ou escapar de seus ataques. Claro que o aprendizado não é seu inimigo, mas essa é uma boa ilustração para suas táticas de estudo. Um programa de aprendizado que envolva disciplina e dedicação está trilhando os caminhos do sucesso.

Esse capítulo que estou estudando é muito difícil e provavelmente não é tão importante. Vou pulá-lo para estudá-lo mais tarde.

Não fuja dos obstáculos que aparecerem em seu caminho enquanto aprende o novo idioma. Qualquer idioma possui suas dificuldades. Em vez de contornar todos esses obstáculos, enfrente-os. Pode parecer masoquismo, mas também quero que você aprenda os nomes das letras do alfabeto e dos termos gramaticais do novo idioma na língua nativa. Assim, quando tiver a oportunidade de visitar o país do idioma escolhido, você pode inclusive tirar dúvidas de gramática ou de escrita com os próprios nativos.

Eu nunca vou tentar falar o idioma aprendido no sotaque original dos nativos, visto que jamais conseguirei reproduzi-lo corretamente.

Ninguém é preso por atentado ao pudor apenas por vestir-se mal. Por outro lado, uma pessoa que não se preocupa com o vestuário nunca irá nos surpreender com sua aparência. Acontece o mesmo com o sotaque. Enquanto estiver aprendendo o novo idioma, porque não tentar – a um custo muito pequeno – imitar o sotaque original? Caso não consiga, nada de mal vai lhe ocorrer. Em caso de sucesso, você será muito bem-visto pela comunidade nativa.

Escolhendo o idioma a ser estudado

Não se sinta mal se você não souber ao certo qual idioma você pretende aprender. Quais os seus objetivos com o idioma a ser aprendido? Caso você não fale uma segunda língua, recomendaria o inglês: dificilmente você consegue escapar dele. Você pretende se casar com uma linda japonesa e se mudar para o Japão? Então o idioma que você quer aprender é o japonês. Seu objetivo é estudar a psicanálise a fundo? Então o interessante é que você aprenda francês e alemão, para poder ler os originais de Lacan e Freud, respectivamente. Ama ópera? Aprenda italiano. Pretende trabalhar com comércio exterior? O mandarim é uma ótima pedida.

Juntando as ferramentas

Após ter escolhido o idioma a ser estudado, é hora de irmos às compras. Escolha uma livraria que tenha uma vasta coleção de materiais em outros idiomas.

Livro texto e caderno de atividades

Recomendo que você estude em um livro básico (livros texto e cadernos de atividades) para ter uma boa base em gramática no idioma a ser estudado. Não importa se eles ensinam um pouco mais do que gramática ou que eles lhe remetam às fatídicas aulas de inglês do colégio. Em sua empreitada é importante que você tenha como cerne de seus estudos um livro básico, acompanhado de vídeos do YouTube, por exemplo.

Dicionário

A maioria dos minidicionários de idiomas tem duas partes: Português-Inglês (ou qualquer outro idioma) e Inglês-Português. Ambas as partes são fundamentais. Caso você esteja realmente disposto a investir em seu aprendizado, também é recomendável comprar um dicionário apenas no idioma a ser aprendido (um dicionário similar ao nosso Aurélio, grande). Dessa forma, você tem a garantia de que nenhuma palavra irá lhe escapar.

Dicionários temáticos

Compre um dicionário temático. São muito comuns em livrarias de aeroportos. Além disso, são baratos e fáceis de usar. Apesar de não conterem quase nada sobre gramática, eles são boas fontes de palavras e das frases mais utilizadas coloquialmente. Caso você tenha um interesse específico ao iniciar o aprendizado de um idioma, é interessante que o dicionário a ser adquirido seja do tema adequado. Se vai aprender francês para estudar psicanálise, nada mais pertinente do que comprar um dicionário temático de psicologia e assim por diante.

Jornais e revistas

Acesse a sites de jornais e revistas no idioma a ser estudado. Com o acesso à internet, é muito fácil ter contato com material estrangeiro. Grandes livrarias, geralmente, contêm seções onde você encontra várias publicações em diversos idiomas. Caso não as encontre, procure o consulado ou embaixada do país do idioma. Geralmente eles são solícitos e podem lhe ajudar.

Livros infantis

Caso seja possível, compre livros infantis no idioma a ser aprendido. Eles livros são ótimos para seu aprendizado, visto que possuem textos de fácil compreensão. Sugiro que os procure em algum site de venda de livros pela Internet, como o Amazon: http://www.amazon.com.

Cursos em áudio

Cursos em áudio geralmente não são caros, apesar de bem eficientes. Eles são muito importantes, pois, além de acostumar seu ouvido com os novos fonemas, eles também o ajudam a ganhar tempo. Use seu smartphone para estudar em locais que provavelmente não seriam produtivos, como o ponto de ônibus ou na sala de espera do dentista.

Flash cards

Flash card é um cartão que é utilizado como ferramenta para o aprendizado. O principal propósito do flash card é a memorização. Escreve-se uma pergunta de um lado do cartão e a respectiva resposta no verso. Mais tarde, após testar seus conhecimentos, a pessoa organiza os cartões de acordo com sua performance. Eles podem ser utilizados para aumentar o vocabulário, datas históricas, fórmulas etc.

Essa estratégia torna possível o aprendizado seletivo. Isto é, quanto mais difíceis os *flash cards* de um grupo, maior será a frequência com que você irá revê-los. Essa seleção permite uma otimização do tempo necessário para estudar.

O método foi proposto pelo psicólogo alemão Sebastian Leitner nos anos 1970. Os cursos de idiomas Pimsleur são baseados em uma ideia semelhante.

Nos EUA são vendidos *flash cards* já prontos, contendo diversos temas escolares. É possível que você compre alguns *flash cards* no idioma desejado pela Internet. Mesmo que você adquira alguns cartões já prontos, é interessante que você compre cartolinas de diversas cores para poder criar seus próprios cartões.

Programas de computador

Existem diversos programas sendo vendidos destinados ao aprendizado de línguas estrangeiras. Apesar de a maioria deles exagerar quanto a eficácia de sua metodologia, eles sempre acrescentam alguma coisa. Utilize-os como acessórios para o seu curso, e não como o cerne de seu aprendizado.

Além dos cursos específicos de idiomas, existem também flash cards eletrônicos. Programas que simulam o uso dos *flash cards*, agendando suas revisões de acordo com sua performance. O mais famoso é http://www.supermemo.com. Um *freeware* muito utilizado nas faculdades americanas é o VTrain, http://www.vtrain.net/home.htm.

Imersão

Existe alguma forma mágica de se aprender um novo idioma, sem esforço? Sim e não. Realmente existem algumas estratégias que podem tornar o aprendizado muito agradável, mas o sistema não funciona por si só: é importante que você participe. É claro que surgirão dificuldades, mas você estará preparado para elas.

A promessa não é a de não haver dificuldades. A questão é: obter o máximo de resultados com o mínimo de dificuldades. Se você decide ficar forte, não adianta chegar na academia e pensar: "Hmmm, seria melhor eu iniciar com o treinamento aeróbico ou anaeróbico? Caso eu inicie com o anaeróbico, devo optar pelo pulley, rosca direta, supino ou panturrilha?"

É claro que você precisará utilizar todos os equipamentos listados acima. O mesmo acontece quando resolvemos aprender um novo idioma. O trabalho de imersão simplesmente acaba com a ideia equivocada de que uma escolha deve ser feita. Você não precisa optar pelo livro texto, por audiobooks ou vídeos do YouTube. Pelo contrário, você deve utilizar todo o material listado acima simultaneamente.

A evocação é importante. Evocar é repetir o texto com as próprias palavras, sem consultar o material. Charles Berlitz (1914-2003), escritor americano, costumava dizer que repetir em voz alta (evocar) dez a vinte vezes é mais eficiente do que apenas ler de cinquenta a cem vezes. Dessa forma, ler uma frase ou palavra de sua gramática cem vezes não é uma estratégia tão eficiente quanto as mesmas frases ou palavras evocadas dez vezes.

É importante lembrarmos que a memória é essencialmente sensorial: quanto mais sentidos diferentes utilizarmos, mais ela vai funcionar. Por isso que é tão importante o trabalho de imersão, com várias estratégias simultâneas. Assim, ao lermos as mesmas frases de fontes diferentes (em um site e em vídeo, por exemplo), estamos aprendendo a mesma informação usando sentidos diferentes.

A imersão também é importante porque ela evita o tédio, visto que suas "aulas" serão as mais variadas o possível.

Iniciando

Abra a gramática na primeira lição. Você entende o primeiro parágrafo? Se sim, prossiga para o segundo. Caso contrário, releia o primeiro parágrafo. Você consegue identificar o que o está impedindo de entender? Identifique suas dúvidas com um lápis, fazendo uma chave em toda a região confusa do texto. Entenda que o parágrafo não vai sofrer uma mutação em prol do seu entendimento: sua mente que deve se abrir para entendê-lo.

Faça um resumo com tudo aquilo que você não entendeu. Imagine que você está fazendo intercâmbio, e pretende escrever uma cara para sua namorada (o) reclamando das dificuldades com o aprendizado da nova linguagem. Crie o hábito de sempre carregar com você as anotações que contêm todas as suas dúvidas. Procure um estrangeiro, professor ou até mesmo um desconhecido na Internet e tire todas as suas dúvidas.

Dê uma chance para o seu entendimento

Vamos supor que você acaba de ler o parágrafo quatro ou cinco do livro texto e não entendeu nada. Nesse momento você deve conscientemente violar as regras do ensino tradicional e fazer algo radical. Você precisa ignorar a dúvida e continuar adiante.

Se você não entendeu é interessante que ignore a dúvida por um certo tempo. Existem grandes chances de que sua dúvida simplesmente desapareça enquanto você avança no texto. Muitas vezes, podem surgir mais exemplos ou explicações mais detalhadas capazes de resolver seus problemas. Quando não se dá a menor chance ao entendimento, o aprendizado fragmenta-se, tornando-se ainda mais difícil.

Continue a ler as próximas seis ou sete lições do livro texto antes de começar a utilizar as outras ferramentas. Não ceda à tentação de dar uma pequena olhada no jornal ou na revista do novo idioma estudado. Continuar o curso no livro texto enquanto a revista ou os CDs esperam fazem você se sentir como se fosse uma criança, que precisa terminar o dever de casa para poder ir brincar. A situação é a mesma: assim como as crianças é preciso que você tenha organização e disciplina. O livro texto e de atividades serão fundamentais para prepará-lo para desbravar terras bem mais interessantes, como as revistas e CDs.

Os *flash cards*, CDs, revistas e dicionários temáticos serão indispensáveis para acabar com o tédio da espera pelo seu dentista, cabeleireiro, ponto de ônibus ou qualquer outro lugar em que você precise ficar esperando sem fazer nada.

Agora que você já cumpriu a tarefa de aprender algumas lições do livro texto, é hora de utilizar, simultaneamente, todas as outras ferramentas.

Pegue a revista ou o jornal. Vá para o canto superior esquerdo da primeira página (caso seja um idioma ocidental, claro). Esse primeiro artigo será o seu dever de casa. Sem sombras de dúvidas você terá muita dificuldade em lê-lo, mas deve tentar fazê-lo da melhor maneira possível.

Pegue a caneta marca-texto e grife todas as palavras ou expressões que você não entende no primeiro parágrafo. Não se preocupe se você marcar o parágrafo inteiro. Lembre-se que você leu apenas algumas lições do livro texto e está apenas iniciando o seu aprendizado.

O próximo passo é separar seus cartões em branco. Olhe no dicionário a primeira palavra desconhecida.

- Primeiro caso: você encontrou no dicionário a palavra em uma forma idêntica à da revista – Nesse caso, pegue um dos cartões em branco e anote de um lado o significado da palavra em português. Do outro lado do cartão, escreva o nome da palavra estrangeira recém-descoberta com um desenho que explique o seu significado. Acho interessante que você desenhe, para ir criando vínculos entre o novo idioma e o seu significado de forma direta, sem precisar passar pelo português.

- Segundo caso: você encontrou no dicionário a palavra em uma forma ligeiramente diferente da encontrada na revista – Nesse caso, você encontrou a palavra em uma forma bem semelhante à da revista, mas com um sufixo diferente. Você provavelmente achou o sentido da palavra, mas por razões que você desconhece está em uma forma diferente. Substantivos, adjetivos e verbos flexionam, concordando com diversos aspectos como gênero, número, pessoa... Independente de qual seja a razão para a palavra estar um pouco diferente, anote no cartão em branco a forma que está no dicionário e no verso coloque o seu significado seguido de um desenho. Se o significado está claro, não se preocupe com o fato de ela estar escrita na revista ou jornal de uma forma diferente. Quando estudar gramática em seu livro texto (ou na própria gramática) sua dúvida será esclarecida. Caso o significado encontrado não se encaixe no texto, anote essa dúvida para poder tirar com seu tutor ou amigo estrangeiro.

- Terceiro caso: você não encontrou no dicionário a palavra ou qualquer outra semelhante – Nesse caso, inclua essas palavras na lista de dúvidas a serem esclarecidas por seu professor ou amigo estrangeiro.

MANTENHA OS CARTÕES COM VOCÊ

Após a leitura do primeiro parágrafo, você provavelmente já tenha bastantes cartões com a tradução das palavras. Organize todos eles em uma carteira e a mantenha com você durante todo o dia. Sempre que tiver a oportunidade dê uma olhada neles. É interessante que você divida morfologicamente os cartões, classificando-os pela cor: verde para os substantivos, vermelho para os adjetivos, e assim por diante. Você pode encontrar a classe morfológica de cada palavra no próprio dicionário.

Para o alto e avante!

Agora, você está pronto para o segundo parágrafo. Você perceberá que ele será bem mais fácil, visto que provavelmente estará lidando com o mesmo assunto do primeiro parágrafo. Dessa forma, várias palavras irão se repetir. Perceba como existem menos palavras grifadas no segundo parágrafo. Não importa se são palavras repetidas. Se você as aprendeu usando os *flash cards* com o vocabulário do primeiro parágrafo, está tudo certo. Siga para o terceiro parágrafo.

Não trapaceie! Não existe nada pior do que tentar enganar a nós mesmos. Não deixe que uma possível falta de interesse na primeira reportagem estudada faça você saltar para a reportagem seguinte. Lembre-se da importância da organização e disciplina.

Enquanto for terminando a reportagem, você vai perceber que existirão cada vez menos palavras grifadas. Em contrapartida, você terá cada vez mais cartões. É importante que você faça um rodízio dos cartões que levará na carteira. A seleção dos cartões é bem simples: carregue aqueles que tem mais dificuldade. Quando tiver aprendido os cartões mais difíceis, troque por outros. Mais tarde, retome os cartões já aprendidos só para testar seus conhecimentos.

CDs

Durante grande parte da história mundial, não era possível que algum autodidata (como você) aprendesse sozinho a pronúncia de um idioma. O aprendiz tinha de ficar estudando pela pronúncia ensinada no dicionário.

Com o surgimento do gravador, e posteriormente dos gravadores portáteis e mp3 players, ficou bem mais fácil aprender novos idiomas. Basta colocar os fones de ouvido e pronto: você estará pronto para estudar em seu tempo ocioso e improdutivo. É claro que as facilidades tecnológicas não substituem o estudo formal, mas definitivamente ajudam bastante.

VOCÊ ESTÁ COM O CURSO EM ÁUDIO ADEQUADO?

A não ser que você esteja ouvindo um curso de áudio no idioma errado, seu curso de áudio terá grande serventia em sua empreitada. É claro que existem cursos bons e ruins de áudio, mas de qualquer forma eles só acrescentarão ao seu aprendizado de um novo idioma. No mínimo, é uma excelente fonte de frases pronunciadas por nativos no idioma estudado.

Você não precisa se limitar a estudar apenas um curso de áudio. O ideal é ter um acervo de cursos, para poder navegar por diversos temas e didáticas diferentes. Particularmente gostei muito do curso de áudio Pimsleur. O único problema é que ele é destinado a americanos que desejam aprender um novo idioma. Dessa forma, é preciso que você seja fluente no idioma inglês para poder acompanhá-lo.

Quando se sentir preparado, desafie o *walkman* ou mp3 player para um duelo: comece desde o início e veja se você é capaz de entender todos os diálogos. Ao sinal do fim da lição, interrompa o curso e veja se você conseguiu identificar todos os componentes dos diálogos.

O Método Linkword

Linkword é um sistema mnemônico promovido por Michael Gruneberg nos anos 1990, para se aprender novos idiomas. O método baseia-se na semelhança entre sons e palavras.

O processo envolve a criação de uma imagem mental que vincula as palavras dos dois idiomas. Essa imagem, geralmente, é localizada em um ambiente bem conhecido pelo estudante.

- Exemplo 1: suponha que você pretende vincular a palavra inglesa a seu significado no português: paz. Para isso, basta que você imagine em sua jornada uma piscina (*peace*) cheia de pombas brancas (paz).
- Exemplo 2: imagine que agora você queira aprender a palavra italiana spiega, que significa explicar, em português. Nesse caso, basta que você imagine em sua jornada aleatória uma espiga (*spiega*) de milho dando aulas e escrevendo no quadro-negro.
- Exemplo 3: *ventana*, em espanhol, significa janela. É possível que você imagine sua amiga Ana em sua jornada aleatória fechando de forma agressiva uma janela.

O método não é uma inovação de Gruneberg. O famoso mnemonista Harry Lorayne já escreveu sobre um método similar em seu best-seller: Super Power Memory, da década de 1950. Os prós e contras deste método e suas variações têm sido muito discutidos. Uma de suas maiores desvantagens é que se trata de um método exaustivo – inicialmente pode ser muito difícil criar imagens para cada palavra a ser aprendida. Apesar disso, com a prática é possível memorizar centenas de palavras em poucas horas.

A Cidade do Vocabulário

Essa técnica, desenvolvida por Dominic O'Brian, fundamenta-se na ideia de que um vocabulário básico é composto por coisas facilmente encontradas em um bairro, cidade ou vila. Assim, o estudante deve escolher uma cidade com a qual se familiarize e alocar imagens (usando as associações diretas entre a palavra estrangeira e a de seu idioma) em cada local por ele conhecido.

As palavras devem estar associadas a locais onde elas realmente seriam encontradas. Assim, palavras (imagens) relacionadas à padaria devem estar na padaria; aquelas referentes a vegetais e verduras devem estar no supermercado e assim por diante.

Lembrando gêneros

Distinguir gêneros (feminino e masculino) em um idioma diferente é bastante complicado. A fim de solucionar esse problema, propõe-se uma divisão de sua cidade imaginária em duas regiões: uma destinada para imagens masculinas e outra para as femininas. Essa divisão pode ser feita por avenidas, rios ou qualquer outro marco físico.

Algumas críticas ao método

Uma crítica ao método é a impossibilidade de se vincular a uma mesma palavra diversos significados. Na realidade, as palavras geralmente têm vários significados diferentes, e é preciso que os estudantes consigam identificar cada um deles. Por esse motivo é que essa técnica deve ser utilizada como uma ferramenta inicial e não como um método único de abordagem do idioma.

Isso basta?

Vale salientar que esse não é um novo método de ensino de idiomas. Na verdade, trata-se de uma ferramenta capaz de promover a aquisição de um vocabulário rico em um curto espaço de tempo. Seu emprego, aliado aos métodos formais de aprendizado, otimizará seu desenvolvimento de forma fantástica.

Quando começar

Só existe um período da sua vida em que decisões acertadas podem ser definidas: hoje. Não espere a "hora certa" para iniciar o seu aprendizado. As grandes conquistas são feitas justamente nos momentos de maior dificuldade. Lembre-se também de não ser muito rígido consigo mesmo. Apesar da importância da disciplina, não deixe que pequenas falhas e dificuldades adiem o seu aprendizado. As pessoas bem-sucedidas não são perfeitas; são pessoas que também erram. A diferença é que elas não desistem. Boa sorte!

PARTE III – CRIATIVIDADE

O que significa ser criativo?

Para muitos, a criatividade é algo inato, uma espécie de dom com o qual você nasce, que tende a alguma área e se desenvolve por mera habilidade.

Muitas pessoas creem neste conceito e acreditam que se não nasceram com esse "dom" estão fadadas a viver uma vida vazia, meramente copista de modelos preconcebido. Porém, este pensamento de que a pessoa nasce criativa ou não é completamente errôneo.

A criatividade é um potencial do ser humano, como um trabalho intelectual de criação de coisas novas.

A capacidade de elaborar teorias, resolver problemas, produzir coisas valiosas e inovadoras – sejam elas úteis ou não –, desestruturar a realidade, reestruturando-a de diversas maneiras e a criação por meio da fusão de elementos preexistentes é o que chamamos, em um breve conceito, de criatividade.

Obviamente, para se criar, deve-se ter entendimento do assunto. Portanto, não existe uma fórmula mágica para a criatividade. A pessoa que almeja estimular sua criatividade deve ter consciência de que fará um trabalho intelectual para trilhar o caminho de seus objetivos.

A criatividade possui importância fundamental no desenvolvimento cognitivo humano. Estimular a criança a explorar seu campo criativo, e, com o passar do tempo, continuar a realizar atividades criativas é essencial para o desempenho operacional cerebral.

Os trabalhos mentais devem ser focados em todas as etapas da vida. A vida moderna acarreta uma certa "preguiça mental" pois, com a tecnologia ao alcance de todos, prefere-se deixar o trabalho para a máquina industrial a explorar a infinita máquina humana.

Com o passar do tempo, as consequências tendem a ser desastrosas, caso as pessoas deixem de explorar sua criatividade. Doenças do nosso século, como o mal de Alzheimer, tendem a tomar proporções cada vez maiores, o que é assustador.

Por isso, atualmente, as estratégias para se estimular a criatividade vêm sendo amplamente difundidas em diversas teorias, as quais serão explanadas no decorrer deste livro.

É importante salientar que a criatividade possui amplo destaque nas artes, na música, na ciência, nas grandes descobertas. O que teriam as pessoas que se sobressaíram nestes campos, que as demais não possuem? Será um talento inato?

Como dito no início deste capítulo, não há que se falar em "dom" ou "talento" quando trata de criatividade. O que as pessoas que se destacam no campo criativo possuem chama-se esforço intelectual. Somente com esse trabalho reiterado, é possível alcançar níveis mais profundos da criatividade humana.

Qual é o segredo das pessoas criativas? O que fazem para desenvolver tantas habilidades?

1. Essas pessoas transcenderam à mera inteligência, dom ou talento, buscando mais do que exercer suas habilidades: criando!
2. Os valores em si são diferenciados, como paixão por uma atividade, mais motivadora do que recompensas.
3. Seus estilos cognitivos são distintos das pessoas que não trabalham no campo criativo, ou seja, vão além da inteligência inata.
4. Enfrentam os problemas que surgem com uma combinação pouco comum de forças intelectuais que as levam a abordar de forma inovadora um tema já trilhado ou delimitar uma nova área de estudo.
5. Não temem correr riscos.

Os traços de personalidade dessas pessoas costumam ser:
• Independência.
• Autoconfiança.
• Vivacidade.
• Alto grau de organização.
• Não convencionalismo.
• Dedicação.
• Ambição.
• Habilidade de trabalhar eficazmente mesmo ficando muito tempo sem dormir.

Estímulos para a criatividade

Nossas lembranças são evocadas devido à presença de algum estímulo, a que chamamos de gatilho de memória. Quem nunca passou pela nostálgica experiência de assistir a um antigo seriado, presente em nossas infâncias, nos dias de hoje? Ou então, a nostálgica experiência de se visitar um antigo colégio onde estudamos? Essas experiências são poderosos gatilhos de memória, capazes de nos fazer evocar diversas lembranças, sejam elas positivas ou negativas. Algo similar ocorre durante o processo criativo. Nossas mentes são verdadeiras bibliotecas de ideias. As ideias já estão lá, aguardando o momento certo para serem evocadas. No entanto, é preciso que ocorra a estimulação adequada para que essas ideias venham à tona.

Ao longo deste livro, aprenderemos diversas técnicas que permitem o aprimoramento das ideias geradas durante seu processo criativo. No entanto, independente da técnica utilizada, é preciso que exista a estimulação adequada para que o máximo de ideias criativas venham à tona. É essa estimulação adequada que este capítulo se propõe a explicar. Assim, aprenderemos os seguintes princípios criativos:

1. Criação *versus* avaliação.
2. Seja questionador.
3. Ceticismo ativo.
4. Evite o pensamento padronizado.
5. Crie novas perspectivas.
6. Tome riscos calculados.

Criação *versus* avaliação

Esse é o princípio mais importante do processo criativo. Ao gerar novas ideias, separe a criação da avaliação. Você dificilmente será capaz de atingir seu potencial criativo se não seguir esse princípio. O motivo é simples: o processo criativo envolve dois tipos de pensamento – o convergente e o divergente. Desse modo, o processo de criação de novas ideias é um processo divergente, visto que se deseja obter o maior número possível de ideias. Em contrapartida, o processo de avaliação de ideias é um processo convergente, já que, dentre as diversas ideias geradas, deseja-se selecionar aquelas que são mais interessantes e convenientes. Assim, ao tentar-se fazer as duas atividades ao mesmo tempo (criação e avaliação), você possivelmente não fará qualquer uma das duas adequadamente.

Especialistas na solução de problemas, costumam dividir o processo criativo em dois momentos distintos. Inicialmente, eles geram o maior número possível de ideias. Em seguida, fazem a avaliação de todas as ideias geradas.

Infelizmente, é comum tentar fazer os dois processos simultaneamente. Pense em um exemplo esdrúxulo: você precisa criar um novo sabor de pizza. Imagine que, durante o processo de criação, você eleja cogumelos como um possível ingrediente. Nesse momento, diversas ideias avaliativas podem surgir: "cogumelos são caros", "nem todos gostam de cogumelos", "uma pizza de cogumelos pode ser enjoativa"... Todas essas ideias acabam por limitar o processo criativo, visto que o impedem de pensar em outros possíveis ingredientes. Além disso, ideias avaliativas prematuras costumam agregar pessimismo e pensamentos negativos, diminuindo o potencial criativo. Assim, antes de iniciar qualquer processo de geração de ideias, lembre-se que a melhor maneira de se gerar novas ideias é impedir o julgamento. Desse modo, deixe qualquer análise e o pensamento crítico para posteriori, após todas as ideias possíveis já terem sido geradas. Posteriormente, avalie os prós e contras de cada uma das ideias geradas.

Ceticismo ativo

Ao deparar-se com alguma ideia completamente nova ou algum episódio que vai totalmente contra o paradigma vigente, as pessoas costumam tomar uma das duas atitudes:

• Aceitar essa ideia ou fenômeno sem oferecer qualquer resistência ou crítica.

• Rejeitar completamente essa ideia ou fenômeno.

Em qual das duas você costuma se encaixar? Ambas as atitudes são equivocadas. A melhor atitude perante novas ideias ou fenômenos desconhecidos é utilizar o ceticismo ativo. Veja nos exemplos abaixo como as duas atitudes, quando tomadas sem critério, podem ser desastrosas.

Invenção dos raios X

Quando Wilhelm Roetgen anunciou em 1895 ter encontrado uma misteriosa forma de energia capaz de atravessar o corpo humano e fotografar seus ossos, os cientistas tornaram-se compreensivelmente céticos. Afinal, fotografar ossos realmente fugia completamente da realidade tecnológica da época. No entanto, sem fazer qualquer tipo de perícia ou estudo, o lorde William Thomson Kelvin, presidente da sociedade real inglesa, anunciou: "o tempo mostrará que os Raios X são um boato infundado".

Nessa mesma época, Thomas Edison inventava o fonográfico (precursor do gramofone). Ao analisá-lo, um membro da Academia Francesa de Ciências fez o seguinte relatório a seus pares: "Cavalheiros, eu examinei pessoalmente os fonográficos do Sr. Thomas Edison e descobri que se trata apenas de um ventriloquismo sofisticado".

Kelvin e seu colega francês, devido a seu pensamento dogmático, foram céticos absolutos. Apesar de sua aparente objetividade, o cético absoluto não contribui para o pensamento científico. Ser cientista é compreender que o princípio da refutabilidade de Popper, que nos diz que há uma condição fundamental para que qualquer hipótese tenha o estatuto de teoria científica: essa hipótese tem de ser falsificável. O importante não é definir o que é verdadeiro ou falso e sim distinguir a ciência da pseudociência, sabendo muito bem que por vezes a ciência erra e a pseudociência, por ser dogmática, sempre acerta.

Telepatia?

Há alguns anos, um grupo de parapsicólogos pensou ter encontrado a prova definitiva da existência da telepatia. Em seus estudos, cientistas ocultavam uma carta de baralho e testavam a capacidade que indivíduos possuíam para "descobrir" qual era a carta oculta. Inacreditavelmente, alguns desses sujeitos eram capazes de obter uma média de acerto que, estatisticamente, seria impossível pelo método da tentativa e erro (o popular "chute"). Assim, os parapsicólogos afirmaram: "Foi telepatia".

Felizmente, alguns cientistas dotados do ceticismo ativo quiseram verificar os dados obtidos. Ao repetirem o experimento, observaram que não, os supostos telepatas não estavam lendo a mente de ninguém. Na verdade, eles estavam fazendo leitura da linguagem corporal: de alguma forma, eles descobriram qual carta os cientistas seguravam apenas avaliando a maneira como o pesquisador os olhava.

Nesse caso, o segundo grupo de cientistas assumiu uma postura de céticos ativos. Talvez, ao se deparar com algum estudo desse tipo, a primeira atitude seja a de rejeitá-lo completamente. No entanto, essa atitude torna-se tão dogmática quanto a aceitação dessas ideias sem questionamento. Assim, o cético ativo é aquele que não apenas aceita ou rejeita uma ideia nova, mas também busca o máximo de dados objetivos capazes de comprová-la ou refutá-la.

Evite o pensamento padronizado

CONDICIONAMENTO CLÁSSICO

O experimento que elucidou a existência do condicionamento clássico envolveu a salivação condicionada dos cães (*Canis lupus familiaris*) do fisiólogo russo Ivan Pavlov. Estudando a ação de enzimas no estômago dos animais (que lhe deu um Prêmio Nobel), interessou-se pela salivação que surgia nos cães sem a presença da comida. Pavlov queria elucidar como os reflexos condicionados eram adquiridos. Cachorros naturalmente salivam por comida; assim, Pavlov chamou a correlação entre o estímulo não condicionado (comida) e a resposta não condicionada (salivação) de reflexo não condicionado.

Todavia ele previu que, se um estímulo particular sonoro estivesse presente para os cães quando estes fossem apresentados à comida, então esse estímulo poderia se tornar associado com a comida, causando a salivação; anteriormente, o estímulo sonoro era um estímulo neutro, visto que não estava associado com a apresentação da comida. A partir do momento em que há o pareamento de estimulações (entre som e comida), o estímulo deixa de ser neutro e passa a ser condicionado. Pavlov referiu-se a essa relação de aprendizagem como reflexo condicionado.

CONDICIONAMENTO OPERANTE

O conceito de "condicionamento operante" foi cunhado pelo psicólogo Burrhus Frederic Skinner. Este refere-se ao procedimento por meio do qual é modelada uma resposta (ação) no organismo por meio de reforço diferencial e aproximações sucessivas. Então, a resposta gera uma consequência que afeta a sua probabilidade de ocorrer novamente; se a consequência for reforçadora, aumenta a probabilidade, se for punitiva, além de diminuir a probabilidade de sua ocorrência futura, gera outros efeitos colaterais. Este tipo de comportamento que tem como consequência um estímulo que afete sua frequência é chamado "comportamento operante".

Ao longo de nossa vida, somos expostos a diversos tipos de condicionamentos. Quantas vezes você não ouviu algum professor dizer: "Pare de ficar imaginando", "Saia do mundo da lua"... Essas frases são apenas alguns exemplos dos condicionamentos a que nos submetemos desde a infância. Assim, para se tornar criativo, será necessário acabar com alguns desses condicionamentos.

COMPORTAMENTO LIMITADO PELO HÁBITO (CLH)

Tente fazer esse pequeno exercício: cruze seus braços da maneira como você está acostumado. Observe qual de suas mãos está acima de um de seus braços. Por exemplo, no meu caso, minha mão direita está acima do meu braço esquerdo. Agora, rapidamente inverta essa posição (em meu caso, minha mão esquerda deverá ficar acima de meu braço direito). Você observará que a segunda posição é muito mais difícil – não é "natural".

Agora, iremos a um segundo exercício: feche suas mãos de maneira que seus dedos da mão esquerda fiquem de modo alternado em relação a seus dedos da mão direita – posição em que muitas pessoas costumam realizar preces ou orações. Observe que um de seus dedos indicadores está acima do outro – em meu caso, o dedo indicador da mão esquerda está acima do dedo indicador da mão direita. Rapidamente, inverta essa posição. Como deve ter observado, essa não é uma tarefa tão fácil assim – no mínimo, é incômoda.

O que você acabou de experienciar chama-se "comportamento limitado pelo hábito", ou CLH. Todos possuímos uma maneira confortável e segura de fazer as coisas. E não existe qualquer problema em procurarmos alguma segurança em nossos hábitos e rotina. O problema surge quando sentimos alguma necessidade de fugir desses hábitos. Qualquer pensamento acerca de se fazer algo de diferente pode ser aterrorizante. Em contrapartida, o pensamento criativo requer que façamos justamente isso: fugir daquilo que foi padronizado.

Tente realizar as atividades abaixo sozinho ou com seus colegas e você perceberá a força que o CLH possui sobre nosso comportamento.

- Primeiro, repita a palavra EMA três vezes. Em seguida, pergunte rapidamente: "O nome da parte clara do ovo é?" Apesar de a resposta ser óbvia: CLARA, o CLH fará com que a maioria das pessoas responda GEMA.

- Primeiro, repita a palavra LOMBO três vezes. Em seguida, pergunte rapidamente: "Quem descobriu o Brasil foi?" Mais uma vez, apesar de a resposta ser óbvia: CABRAL, muitas pessoas respondem COLOMBO.

ALGUMAS OUTRAS PERGUNTAS QUE ENVOLVEM O CLH

1. Você encontrou uma caixa de fósforos com apenas um palito. Num quarto, há uma vela, um lampião e uma lareira. Qual você acenderia primeiro?
2. Você está participando de uma corrida e ultrapassa o segundo colocado. Em que posição você fica?
3. Se você está dirigindo um ônibus para Salvador, em uma parada descem 25 passageiros e seguem 20. Qual o nome do motorista?
4. Quantos animais de cada espécie Moisés colocou na arca?
5. Um tijolo pesa 1 quilo mais meio tijolo. Quanto pesa um tijolo e meio?
6. O pai de Maria tem cinco filhas: Lalá, Lelé, Lili, Loló e?
7. No dia 7 de setembro comemoramos o dia da Independência. Em Portugal existe 7 de setembro?

8. Uns meses têm 31 dias, outros apenas 30 dias. Quantos meses têm 28 dias?

Respostas:

1. O fósforo.
2. Segundo lugar.
3. Você é o motorista.
4. Moisés não colocou animais em arca alguma.
5. Três quilos.
6. Maria.
7. Claro que existe.
8. Todos os meses.

Saindo dos trilhos do pensamento cotidiano

Todos os exercícios acima mostram como é difícil mudarmos nossos hábitos e atitudes. Nos tornamos tão acostumados com a maneira como fazemos as coisas, que acabamos perdendo nossa habilidade em testar novas possibilidades.

O que fazer para evitar o CLH? O melhor exercício contra esse fenômeno é o aumento de nossa capacidade de concentração e observação. Ao aumentarmos essas qualidades, ficamos mais alertas ao nos depararmos com alguma armadilha decorrente do CLH.

Observação

A única maneira de se aumentar a observação é cultivando o hábito de observar conscientemente. Tente fazer o seguinte exercício de observação: escolha um objeto com o qual você tenha bastante familiaridade e o esconda (um relógio por exemplo). Tente desenhar esse objeto sem olhá-lo. Quais detalhes você se esquece? Quais detalhes você inseriu no desenho que não existiam no objeto original? No caso de fazer o exercício com relógios, é comum as pessoas até inserirem números ou símbolos que simplesmente não existem.

Um outro exercício pode ser feito enquanto você se dirige ao seu trabalho, escola ou universidade. Durante seu trajeto, procure por algo que você não havia observado antes. Após algumas manhãs de prática, você ficará impressionado com os resultados que obterá.

Para quebrar padrões de pensamento ou comportamento, é necessário um esforço consciente. Assim, o primeiro passo é descobrir qual de seus hábitos é um CLH. Em seguida, procure mudá-lo de maneira deliberada.

Crie novas perspectivas

Muitos estudantes e professores de PNL (programação neurolinguística) são familiarizados com a figura a seguir:

Esta figura foi criada pelo cartunista W. E. Hill e foi publicada originalmente na revista Puck, no dia 6 de novembro de 1915 – um sábado eu poderia dizer – e foi intitulada de "Minha mulher e Minha sogra". Esse título justifica-se por um motivo simples: de acordo com a perspectiva que o observador utiliza, ele poderá ver uma jovem (a esposa) ou uma mulher velha (a sogra).

O cartum ilustra o fenômeno da mudança de perspectiva. Para produzir algo genuinamente original é preciso que haja uma mudança de perspectiva, uma quebra de paradigmas. É essa mudança de perspectiva que permite que o indivíduo criativo veja conexões entre conceitos aparentemente desconexos.

Um outro excelente exemplo de mudança de perspectiva é descrito em uma ótima fábula escrita por Marco Fabossi, em seu blog.

Havia um cego sentado na calçada em Paris, com um boné a seus pés e um pedaço de madeira que, escrito com giz branco, dizia: "Por favor, ajude-me, sou cego".

Um publicitário, que passava em frente a ele, parou e viu umas poucas moedas no boné e, sem pedir licença, pegou o cartaz, virou-o, pegou o giz e escreveu um texto diferente, voltou a colocar o pedaço de madeira aos pés do cego e foi embora.

Pela tarde o publicitário voltou a passar pelo cego que pedia esmola, porém, agora, o seu boné estava repleto de notas e moedas. O cego reconheceu as pisadas do publicitário e lhe perguntou se havia sido ele quem reescreveu seu cartaz, sobretudo querendo saber o que havia escrito ali.

O publicitário então respondeu:

– Nada que não esteja de acordo com o seu anúncio, mas com outras palavras.

E completou: "Hoje é primavera em Paris e eu não posso vê-la." (Marco Fabossi) Blog do Fabossi
http://www.blogdofabossi.com.br.

Assim, ao alterar-se a perspectiva, novas possibilidades são criadas! Utilize desse princípio para aumentar sua criatividade.

Criando conexões criativas

Nem todo mundo consegue estabelecer conexões criativas facilmente. Às vezes, nos tornamos tão próximos de nossos problemas, que acabamos por nos perder em seus detalhes. Nos EUA, é comum uma expressão que exemplifica essa situação de maneira muito clara: "Devido as árvores, não pude ver a floresta". De um lado, envolver-se inteiramente com o problema automaticamente aumenta nossa compreensão a respeito dele. Em contrapartida, muito conhecimento pode causar o fenômeno da perseveração, descrito anteriormente. Então, qual seria a solução em meio a esse impasse? Existiria uma solução? Sim, a mudança de perspectiva. Os exercícios que você descobrirá ao longo de nosso curso exercitarão justamente isso.

Corra riscos calculados

Henry Ford costumava dizer que o fracasso é uma excelente forma de se recomeçar, mas de maneira mais inteligente. Você nunca conseguirá ser um pensador criativo se não tiver fracassado. Quando questionado sobre o segredo do seu sucesso, Michael Jordan disse: "Eu errei mais de 9.000 arremessos em minha carreira, eu perdi quase 300 jogos. 26 vezes, confiaram a mim a oportunidade de fazer o arremesso final para vencer o jogo e eu perdi. Eu falhei várias vezes em minha vida. E é por isso que eu tive sucesso".

O pensamento criativo envolve um certo risco calculado. Muitas vezes tememos tomar riscos, porque eles podem trazer o fracasso. Afinal, quem gostaria de ser rotulado como fracassado? No entanto, todos precisamos tomar alguns riscos se quisermos ter alguma chance de sucesso em nossas atividades.

O que seriam os riscos calculados? Obviamente, nem todos os riscos são iguais. Os riscos envolvidos na implementação de um projeto geralmente são bem mais sérios e complicados que os envolvidos com a geração de ideias. Imagine que você monta um evento de maneira displicente, sem analisar os riscos envolvidos com sua implementação. Certamente, você pode perder todo o dinheiro investido! Em contrapartida, qual é o risco de termos novas ideias? Soarmos estúpidos? Ou ingênuos? Assim, costumo chamar o risco de gerar novas ideias de riscos calculados.

Alguns Produtos Frutos da Criatividade

A seguir, há os nomes de alguns inventos muito usados hoje, mas que, para surgirem, exigiram de seus criadores uma grande dose de criatividade. Observe a importância de se utilizar todos os princípios descritos anteriormente.

GILLETTE

King Camp Gillette, em 1895, percebeu que, para se barbear, apenas era necessária a ponta da lâmina da navalha. Pensou então em fabricar uma lâmina de aço pequena e descartável. Os industriais não acreditavam ser possível fazer uma lâmina pequena, de bom corte e barata a ponto de ser jogada fora depois. Com a ajuda do mecânico William Nickerson, resolveram os problemas técnicos. Assim surgiu a Gillette Safety Company, em 28 de setembro de 1901. A produção começou em 1903 e, no primeiro ano, foram vendidos 51 aparelhos e 168 lâminas. Os negócios dispararam em 1905. Durante a Primeira Guerra Mundial, o governo americano encomendou 3,5 milhões de aparelhos e 36 milhões de lâminas para os seus soldados. Nessa época, a empresa já vendia 1 milhão de aparelhos e 120 milhões de lâminas por ano. A *Gillette* lançou o conceito de 2 lâminas paralelas em 1971 e o *Sensor*, em 1990.

POST-IT

Em 1968, Spencer Silver, cientista da 3M, pesquisava um adesivo muito aderente, quando alguma coisa deu errado. O resultado foi um adesivo fraco, que aderia levemente à superfície em que era colocado. Silver espalhou a notícia na esperança de encontrar alguém que pudesse utilizar o seu invento. Enquanto isso, Art Fry, outro químico da 3M e membro de um coro de igreja, não conseguia manter presas as tiras de papel que utilizava para marcar as páginas das músicas. Lembrou-se, então, do adesivo descoberto pelo colega. Os dois perceberam que haviam descoberto um conceito totalmente novo em blocos de recados. Enquanto o adesivo era aperfeiçoado, Art Fry enviava amostras às secretárias e executivos da 3M. Todos solicitavam mais. Em 1980, os blocos de recados Post-it chegaram ao mercado.

TEFLON

O teflon foi descoberto quando se abriu um caminhão que transportava tetrafluoretileno, uma substância gasosa refrigerante, e se percebeu que não havia mais gás algum escapando de dentro do tanque. Um químico da indústria americana Du Pont, depois de determinar que não houvera falha na válvula do tanque, resolveu por curiosidade serrar o mesmo e investigar seu interior. Descobriu então que se formara um pó branco ceroso, resultado da combinação das moléculas do tetrafluoretileno, num processo de polimerização. Por meio de análises posteriores, descobriu-se que este novo polímero tinha propriedades notáveis. Era inerte a ácidos, álcalis e calor e extremamente escorregadio. Por estas propriedades, o produto foi aprimorado e passou ser empregado em diversos segmentos da indústria.

PARTE IV – BRAINSTORMING

"A desobediência é uma virtude necessária à criatividade."
Raul Seixas

Fraldas para camundongos

"Fraldas para camundongos?"
"... fraldas para camundongos bem pequeninas"
"... cada caixa virá com doze unidades"
"... fraldas descartáveis e previamente dobradas"
"... dotadas de repelente felino."
"Certamente é uma excelente ideia! Ficaremos ricos!!!"

Provavelmente, você deve estar se perguntando: "Quem são os loucos por trás desse diálogo?", "Por que conversam sobre fraldas para camundongos?" A resposta é simples: essas pessoas não estão loucas e tampouco se trata de algum jogo de tabuleiro. Esse é um trecho de um diálogo travado em uma sessão de *brainstorming* na empresa Hewlett-Packard (HP). Obviamente, a HP não pretende lançar fraldas para camundongos. No entanto, esse exercício de *brainstorming* é responsável por manter o grupo animado e criativo, podendo gerar mais e mais inovações para a empresa. Nos capítulos anteriores, aprendemos o que é criatividade e os princípios por trás dela. Conhecendo todos eles, você está apto a aplicar a ferramenta mais poderosa para o desenvolvimento da criatividade: o *brainstorming* (também conhecido por "tempestade de ideias").

Brainstorming

Brainstorming ou tempestade de ideias é uma técnica de geração de ideias, geralmente feita em grupo. O método foi popularizado nos anos 1930 pelo americano Alex Faickney Osborn e, desde então, tem sido vastamente utilizada em todo o mundo para a geração de ideias, principalmente no campo de relações humanas e publicidade e propaganda. Segundo Osborn, os grupos poderiam até duplicar seu potencial criativo ao utilizar essa técnica. Osborn era um pensador revolucionário. Ele acreditava que qualquer pessoa possuía um potencial criativo, que poderia ser trabalhado de maneira a transformar qualquer indivíduo em uma pessoa extremamente criativa.

Dentre diversos outros métodos, a técnica de *brainstorming* propõe que um grupo de pessoas (geralmente, menos de 12 participantes) se reúnam e utilizem da diferença em seus pensamentos e ideias para que possam chegar a um denominador comum, eficaz e com qualidade, gerando assim ideias inovadoras que levem o projeto adiante. Observe que o *brainstorming* obedece a todos os princípios da criatividade abordados anteriormente, visto que valoriza o pensamento divergente (pessoas diferentes e ideias aparentemente incompatíveis) em busca de novas perspectivas e relações entre os conceitos a serem discutidos. Além disso, a técnica valoriza o olhar do leigo. Lembra-se de quando eu disse sobre os perigos de se saber demais e, consequentemente, estreitar o pensamento? Pois bem, grandes empresas costumam criar sessões de *brainstorming* que envolvam setores diferentes, com o objetivo de tornar o pensamento o mais divergente e não condicionado possível.

Outro princípio criativo respeitado é o de diferenciar o processo de criação do processo de avaliação. Durante o *brainstorming*, nenhuma ideia é descartada ou julgada como errada ou absurda. Todas são ouvidas e trazidas até o processo de *brainwrite*, que se constitui na compilação ou anotação de todas as ideias ocorridas no processo de brainstorming, em uma reunião com alguns participantes da sessão de *brainstorming*, e assim evoluindo as ideias até a chegada da solução efetiva. Essa técnica possui aplicação muito ampla, podendo ser utilizada com grande utilidade tanto na busca por soluções rápidas para problemas simples quanto para a geração de ideias para a solução de um problema "grave" (por exemplo, na criação de um organizador gráfico do tipo espinha de peixe). Alguns exemplos da aplicação da técnica:

- Desenvolvimento de novos produtos: obter ideias para novos produtos e efetuar melhoramentos naqueles existentes.
- Publicidade: desenvolver ideias para campanhas de publicidade.

- Resolução de problemas: consequências, soluções alternativas, análise de impacto, avaliação.
- Gestão de processos: encontrar formas de melhorar os processos comerciais e de produção.
- Gestão de projetos: identificar objetivos dos clientes, riscos, entregas, pacotes de trabalho, recursos, tarefas e responsabilidades.
- Formação de equipes: geração de partilha e discussão de ideias enquanto se estimula os participantes a raciocinar.

Regras

Existem, basicamente, quatro regras essenciais para o *brainstorming*. Pode parecer estranho um processo criativo ser regido por regras. No entanto, elas foram criadas para estimular o processo criativo, diminuir a inibição social dos participantes e estimular a geração de ideias.

1. Foque na quantidade: essa regra é uma forma de se aumentar a produção do pensamento divergente, promovendo a geração do máximo e soluções para o problema em pauta. É uma questão estatística: se existirem mais ideias, a probabilidade de elas serem boas é maior do que no caso de existirem poucas ideias. Assim, quanto maior o número de ideias geradas, maior a chance de se produzir uma solução original e eficaz.

2. Suspenda o criticismo: durante o brainstorming, o criticismo fica suspenso. Isso não é o mesmo que dizer que o processo de tempestade de ideias é negligente. Na verdade, o *brainstorming* – como qualquer outro processo criativo – separa muito bem as duas etapas do processo de geração de ideias: a criação e a avaliação. Durante o processo de criação, o criticismo é suspenso para que todos os participantes sintam-se à vontade para criar suas novas ideias.

3. Ideias inusitadas são bem-vindas: lembra-se da importância de se associar ideias ambíguas ou inusitadas durante o processo criativo? Essa regra tem o objetivo de encorajar os participantes a sugerir qualquer ideia que lhes venha à mente, sem preconceitos e sem medo que isso os vá avaliar imediatamente. Ainda que sejam ideias ambíguas e desconexas à primeira vista,

posteriormente poderá ser encontrada uma relação entre todos esses conceitos. Desse modo, as ideias mais desejáveis são aquelas que inicialmente parecem ser sem domínio e muito longe do que poderá ser uma solução. Isso aumenta também o número de ideias geradas.

4. Combine e melhore as ideias: procure melhorar as ideias que surgem – ainda que não sejam criação sua. Às vezes, você é capaz de dar uma nova perspectiva para uma ideia anteriormente lançada pelo colega. No *brainstorming*, o conjunto das ideias geradas acaba por se tornar maior que a soma das ideias de cada participante. Assim, procure criar o máximo de associações entre as diversas ideias geradas.

Linhas de direção

Embora não haja linhas de direção aceitas universalmente para passos específicos a implementar numa sessão de *brainstorming*, as seguintes atividades principais são bastante típicas:

• Desenvolver um enunciado para o problema.
• Selecionar um grupo de 6 a 12 participantes.
• Enviar uma nota aos participantes falando-lhes acerca do problema. Nesta devem estar presentes o enunciado do mesmo, o contexto, bem como algumas soluções e outras coisas que se revelem úteis para o caso.
• Começar por escrever o problema num quadro visível a todos os elementos pertencentes ao grupo.
• Falar, novamente, sobre as 4 regras principais do *brainstorming*.
• Utilizar algum organizador gráfico para o desenvolvimento das ideias (para maiores informações sobre organizadores gráficos, não se esqueça de dar uma olhada em meu outro livro, "Técnicas profissionais de memorização").
• Requisitar novas ideias aos participantes pela ordem na qual estes levantem a sua mão. Apenas uma ideia deve ser sugerida em cada momento.
• Ter um gravador, ou uma secretária, de maneira que se possa escrever e tomar nota das ideias.
• A sessão deve durar cerca de 30 minutos. Não deve durar quatro horas!
• Selecionar um grupo de três a cinco pessoas para avaliação.

- Fornecer ao grupo a lista de ideias que sugiram e pedir que selecionem as melhores.
- Fornecer ao grupo original um relatório com as ideias selecionadas pelo grupo de avaliação e requisitar a submissão de quaisquer ideias adicionais estimuladas pela lista.
- Dar a lista final de ideias à pessoa ou grupo de trabalho do projeto.

Selecionando os participantes

A maioria dos grupos de *brainstorming* são constituídos por três elementos:

- O líder: responsável pelo desenvolvimento da sessão criativa. Insta salientar que não existe hierarquia no que tange a elaboração de ideias criativas. Elege-se um líder simplesmente porque ele tem maior familiaridade com o processo de *brainstorming*. Ele é responsável pela criação do organizador gráfico para as ideias e da pergunta-problema. É função do líder não apenas manter-se relaxado, mas também promover o bem-estar de todos durante a sessão.
- Um secretário: responsável por inserir no organizador gráfico as novas ideias que forem surgindo durante a sessão de *brainstorming*. O secretário deve ter facilidade na escrita rápida. Este vai ter de tomar nota de uma numerosa lista de ideias que serão geradas. As ideias não têm, necessariamente, de ser escritas exatamente da mesma forma que são ditas. O nome da pessoa que sugere as ideias não deve ser anotado, já que o anonimato encoraja a liberdade de expressão.
- Os membros: responsáveis pela composição do resto do grupo a propor ideias. Obviamente, devem ser escolhidas pessoas que tenham alguma experiência com o problema em causa. Não existem regras rígidas no que tange a seleção do grupo. No entanto, costuma-se não eleger mais que 10 membros para participar da sessão (fora o líder e o secretário). Os participantes geralmente são de dois tipos: membros-chave e convidados. Membros-chave são aqueles que estão intensamente envolvidos com o setor e o problema em questão. Em contrapartida, os convidados são aqueles que pertencem a outros setores, mas têm afinidade com o problema. Apesar de ser comum misturar trabalhadores de setores diferentes em uma sessão de brainstorming, algumas empresas preferem não

misturar hierarquias. Segundo elas, misturar hierarquias poderia inibir os membros de hierarquias inferiores a dar seus palpites ou opiniões. Assim, não há problema em misturar um diretor de marketing e um diretor administrativo em uma mesma sessão de *brainstorming*. No entanto, talvez não seja muito recomendado inserir na mesma sessão um designer gráfico ou um agente administrativo e algum chefe da empresa.

Método
DEFININDO O PROBLEMA

Antes de iniciar alguma sessão de *brainstorming*, é importantíssimo que se defina o problema. Ele precisa ser claro, não muito grande e passível de ser enquadrado por alguma pergunta específica, por exemplo, "de que maneira poderíamos diminuir os custos de transporte em nossa empresa?" ou "qual serviço nosso site deveria possuir e não possui hoje?". Perguntas muito amplas devem ser evitadas, por exemplo, "como ganhar dinheiro?". Se o problema for muito longo ou complexo, é necessário que ele seja dividido em diversos problemas menores, cada qual com uma pergunta específica.

CRIAÇÃO DE UM MEMORANDO DE PREPARAÇÃO

O memorando de preparação é uma carta enviada aos participantes da sessão de *brainstorming*, contendo o nome da sessão, o problema, horário, data e o local da sessão da "tempestade de ideias". O problema é descrito na forma de pergunta e são fornecidas algumas possíveis soluções para o mesmo. Essas possíveis soluções têm o objetivo não apenas de incrementar o rol de possíveis respostas, mas também eliciar nos participantes diversas ideias diferentes. Esse memorando é enviado aos participantes com muita antecedência, para que todos possam ter tempo suficiente para refletir sobre o problema e participar de maneira eficiente na sessão de *brainstorming*.

QUESTÕES PARA MANTER A CRIATIVIDADE EM ALTA

Durante a sessão da tempestade de ideias, a criatividade dos membros pode diminuir drasticamente. Nesse momento, o líder deve estimular a criatividade de todos sugerindo uma questão para mantê-la acesa e o interesse, por exemplo, "Podemos combinar essas duas ideias?", "Que tal olharmos o problema por uma outra perspectiva?". O ideal é que o líder prepare previamente uma lista desse tipo de questões antes do início da sessão.

CONDUÇÃO DA SESSÃO

O líder é o responsável em conduzir a sessão e garantir que todas as regras básicas sejam seguidas.

- O líder apresenta a situação-problema, dando maiores detalhes se necessário. Em seguida, ele questiona sobre as possíveis ideias para a solução desse problema.

- Se inicialmente os membros não se sentirem à vontade em expor suas ideias, é papel do líder introduzir as primeiras ideias e as possíveis questões mantenedoras da criatividade.

- Todos os participantes (incluindo o líder) vão expondo suas ideias e o secretário vai anotando todas elas, uma por uma.

- Para favorecer a clareza na exposição de suas ideias, todos têm a liberdade em detalhar suas propostas o máximo possível.

- Ao final do tempo de elaboração de novas ideias, o líder desenha um organizador gráfico contendo todas as ideias expostas e questiona sobre as possíveis relações ou padrões existentes entre cada uma (ainda que sejam, à primeira vista, antagônicas).

- As ideias são categorizadas.

- Ideias duplicadas e de implementação impossível são excluídas pelo líder. Observe que essa exclusão somente ocorre após a geração de todas as ideias e quando todas as possíveis relações entre elas foram previamente definidas.

- O líder agradece a todos por suas contribuições.

AVALIAÇÃO DO GRUPO

Conforme dito anteriormente, a sessão de geração de ideias é completamente diferente da sessão de julgamento ou avaliação das ideias geradas. Um grupo de *brainstorming* costuma ter um número flexível de participantes. Em contrapartida, o grupo de avaliação precisa necessariamente de ser composto por um número ímpar de pessoas. O motivo é óbvio: um grupo ímpar impossibilita completamente o surgimento de dúvida acerca da pertinência de alguma das ideias geradas. Assim, o número ímpar garante que algum membro possua o voto de Minerva, responsável pelo desempate durante a votação sobre a pertinência de alguma ideia.

Esta situação também ajuda quando é procurado um consenso ao invés da votação. Sobre a composição, ele poderá consistir em pessoas que faziam parte do grupo de geração de ideias, ou na combinação de pessoas deste grupo com pessoas externas, ou de um grupo completamente novo de indivíduos.

Qual seria a melhor opção? Utilizar no processo avaliativo apenas pessoas que participaram do *brainstorming* ou apenas pessoas que não participaram do processo de geração de ideias, mas possuem afinidade com o problema em questão?

Utilizar as mesmas pessoas poderá ter a vantagem de assegurar a familiaridade com o problema, enquanto o uso de um grupo de pessoas externas ao original pode ter o benefício da maior objetividade.

A tarefa do grupo de avaliação é a de julgar todas as ideias e selecionar as melhores para uma possível implementação ou estudo adicional. Depois do líder do grupo receber a lista de ideias do secretário, elas precisam ser editadas e, em seguida, deve-se certificar e verificar que elas estão descritas claramente e estão concisas. As ideias devem ser organizadas segundo categorias lógicas (usualmente, estas categorias vão de cinco a dez) e apresentadas ao grupo de avaliação para revisão. É possível tornar este processo mais fácil e prático utilizando uma checklist organizada segundo determinados critérios como a simplicidade das ideias, menos custosas em termos de tempo e capital, e outros termos similares. O grupo de avaliação deve verificar as melhores ideias de forma a sujeitá-las a testes práticos.

APÓS A SESSÃO

A parte mais importante de um processo de *brainstorming* é observar o que acontece ao final das etapas de criação e avaliação das ideias. Ainda que o líder não tenha conduzido a sessão com maestria, algumas boas ideias surgirão. No entanto, dependendo do que acontece após a sessão criativa, todas essas boas ideias poderão ser aproveitadas ou não por sua empresa. Desse modo, ainda que livros que exercitem a memória ou a criatividade possam melhorar sua habilidade em gerar novas ideias e conduzir sessões criativas, nada disso valerá a pena se essas ideias não forem implementadas. Suponha que você obteve diversas ideias durante o processo de criação. Em seguida, após a avaliação, restaram uma dezena das brilhantes. Se essas ideias não migrarem para a etapa da implementação, de que terá valido tudo isso?

Alguns truques para sessões de *brainstorming*

Toda pessoa criativa que conheço possui diversos truques e ferramentas responsáveis por manterem acesa a chama da criatividade. A seguir, leia algumas de minhas estratégias favoritas. Ainda que qualquer membro possa utilizá-las, o ideal é que sejam usadas pelo líder em momentos de baixa criatividade, desânimo ou travamento de novas ideias.

O QUE NÓS NÃO QUEREMOS?

Muitas vezes, é difícil estabelecer qual o objetivo específico de um grupo de brainstorming. Nesses casos, às vezes é mais fácil focar aquilo que não interessa. Por exemplo, "Qual o pior tipo de website possível? Quais suas características?" Além de estimular a mudança de perspectiva dos problemas, esse tipo de estratégia também costuma despertar o bom humor de todos os membros e manter o ambiente relaxado e tranquilo. Após anotar todas as características do pior tipo de website possível, o líder costuma dizer algo do tipo: "Bem, já temos o pior *website* possível. Como podemos fazer um *website* que seja completamente oposto a esse?" Você se surpreenderá com a força que essa técnica possui.

TEMAS ALEATÓRIOS (FUNCIONA APENAS COMO EXERCÍCIO)

O líder da sessão cria previamente cartões contendo uma palavra cada um. Essas palavras podem ser de diversos tipos: nomes (de animais, plantas, pessoas conhecidas...), objetos (luvas, mochila, churrasqueira...), cores e adjetivos (rápidos, econômicos, divertidos...). Haverá quatro montes de cartões, cada qual com seus cartões específicos (ou seja, no monte de nomes não poderá existir adjetivos). Em seguida, o líder pega um cartão de cada monte e gera aleatoriamente uma nova questão a ser trabalhada. Por exemplo, imagine que os cartões que foram retirados são: alce (nomes), copo (objeto), azul (cores) e madeira (adjetivo). Assim, o líder lançaria o seguinte desafio: como criar um novo copo de madeira, da cor azul, a ser utilizado por alces? Quais seriam as propriedades desse produto? Quais as suas propriedades específicas para os alces?

ROTAÇÃO

A qualquer momento, qualquer um dos membros da sessão poderá dizer "rotação"! Em seguida, todos os membros deverão se deslocar e sentar na cadeira à sua esquerda. Ainda que não existam provas bem fundamentadas acerca dessa estratégia, alguns autores sugerem que a simples mudança de cadeira favorece a mudança de perspectiva acerca do problema em questão. Além disso, esse pequeno deslocamento favorece a um aumento da circulação sanguínea, levando mais oxigênio ao cérebro. O líder costuma dizer "rotação" principalmente nos momentos em que os membros estão estagnados com as novas ideias ou existe algum clima de inibição que evita que todos os membros participem da sessão.

REMOÇÃO DE OBSTÁCULOS

Elimine qualquer possibilidade de julgamento. Deste modo, se os membros não estiverem expressando suas ideias ou opiniões, é dever do líder enfatizar que qualquer julgamento acerca das novas ideias está suspenso. Assim, todos devem se sentir à vontade para relatar suas propostas, sem se preocupar com qualquer limitação da implementação como custos, tempo ou razoabilidade. Essa estratégia permite criar um clima de cooperação mútua que permite que todos, sem distinção, digam aquilo que julgam importante.

INSERÇÃO DE OBSTÁCULOS

Essa estratégia é muito utilizada como aquecimento para a sessão de brainstorming. Para colocar a cabeça de seus colegas para funcionar, sugira algum limite estúpido para sua ideia. O objetivo não é tornar a sessão mais complicada, mas sim forçar os membros da sessão a colocarem suas cabeças para funcionar. Sugira, por exemplo, que todos que adquirirão o produto sejam portadores de alguma deficiência ou que se precisa conquistar clientes no Iraque. Faça que o problema se torne o mais difícil possível. Por exemplo, limite o orçamento para o projeto em R$ 50,00 ou invente a necessidade de se escrever uma novela para Globo em apenas dois dias. Não permita que as pessoas se esquivem do problema: o dever do líder é manter todos os membros trabalhando em conjunto. Desafiados pela insanidade do problema e protegidos pelo sentimento de que o limite imposto é ridículo, não existirão respostas certas ou erradas. Após a inserção de obstáculos, você terá certeza que todos os membros da sessão já se encontram com a criatividade previamente aquecida, podendo retornar ao tema original da sessão de *brainstorming*.

Checklist de Osborn

O checklist de Osborn foi criado por Alex Osborn, o criador do *brainstorming*. Esse checklist tem o objetivo de buscar maneiras de se melhorar um produto ou serviço. Para criá-lo, Osborn escolheu nove verbos a serem aplicados ao produto ou serviço. Em seguida, adicionou perguntas relacionadas a cada um desses verbos. Encontre o resultado logo a seguir:

É POSSÍVEL MODIFICÁ-LO?

Verbos	Questões
Usar	Existem maneiras diferentes para utilizar o produto ou serviço? Algum concorrente o usa de maneira diferente?
Adaptar	Qual outro produto ou serviço é similar a esse? Que outras ideias esse produto ou serviço sugerem? Existe algo parecido lançado no passado? O que poderia copiar de meus concorrentes?
Modificar	É possível modificá-lo? O que será modificado, o significado, movimento, som, cheiro, forma, cor? O que mais poderá ser modificado?
Aumentar	O que deve ser acrescentado? Mais tempo? Maior frequência? Mais resistência? Maior altura? Mais fino? Mais longo? Mais caro? Algum ingrediente extra? Duplicar? Multiplicar? Exagerar?

Diminuir	O que deve ser diminuído? Tamanho? Deve ser condensado? Miniaturizado? Mais baixo? Mais curto? Mais leve? O que deve ser omitido? Deve ser particionado? Deve-se diminuir o preço?
Substituir	Quem poderá substituí-lo? O que poderá substituí-lo? Outro ingrediente ou componente? Outro lugar? Outra abordagem? Outro tom de voz? Outra fonte de energia? Outro processo? Outro material?
Rearranjar	Rearranjar componentes? Criar outro padrão? Outro design? Outra sequência? Trocar a causa e efeito? Alterar o ritmo? Alterar a programação ou agenda?
Inverter	Transpor os positivos e os negativos? Que tal os opostos? Virar para trás? Virar de cabeça para baixo? Inverter os papéis? Trocar sapatos? Trocar mesas? Trocar fornecedores?
Combinar	Criar uma liga, uma mistura ou sortimento? Combinar unidades? Combinar propósitos? Combinar aparências? Combinar ideias?

Esse checklist pode servir como uma excelente ferramenta tanto para o aquecimento da criatividade de todos os membros quanto para momentos em que a sessão de *brainstorming* não esteja rendendo boas ideias. Mais uma vez, não existem regras rígidas. Desse modo, sinta-se à vontade para alterar esse checklist da maneira que julgar mais interessante. Se preferir, crie o seu próprio, de acordo com as necessidades da empresa.

Brainstorming Individual

A técnica de tempestade de ideias surgiu essencialmente como uma técnica feita em grupos. No entanto, é comum encontrarmos pessoas que se familiarizaram tanto com o processo que o utilizam até mesmo sozinhos. A grande vantagem de se fazer um *brainstorming* sozinho é a possibilidade de aumento da frequência da criação das novas ideias. Como o brainstorming solitário envolve apenas a própria pessoa, é mais fácil encontrar alguma disponibilidade para gerar as novas ideias ou para avaliar as ideias geradas anteriormente.

Condições em que pode ser necessária a realização de um *brainstorming* individual

- Trabalha-se sem cooperação, sozinho.
- Trabalha-se sem cooperação, como profissional autônomo.
- Não há disponibilidade para uma sessão em grupo.
- As pessoas que o rodeiam não gostam de sessões de *brainstorming*.
- As pessoas que o rodeiam não seguem as regras do *brainstorming*.
- É demasiado dispendiosa e cara, para si, a realização de uma sessão.
- O problema é demasiado pequeno para justificar a reunião de um grande conjunto de pessoas.
- Quando se utiliza o *brainstorming* individual, pode ser de grande ajuda o uso de mapas mentais ou mapas conceituais para organizar e desenvolver as ideias.

Exercício

Tente, individualmente ou em grupo, criar uma sessão de *brainstorming* baseada nas seguintes situações-problema:

- Como conseguir juntar dinheiro para, no futuro, obter condições de pagar uma faculdade particular para seu filho?
- Como se divertir mais na vida?
- Como conseguir um novo emprego?
- Como ser promovido em seu emprego atual?
- O que existiria na casa de seus sonhos?
- O que existiria no carro de seus sonhos?
- Como desenvolver um relacionamento amoroso ideal?
- Como você descobriria o e-mail do CEO de uma empresa?
- Quais as maneiras criativas para se abrir uma lata?
- Quais as maneiras criativas de se atravessar um rio sem usar a ponte?
- Como perder peso?
- Como parar de fumar?
- O que você poderia construir em seu quintal?
- Quais conselhos você daria para Amy Winehouse?
- O que você poderia fazer com toda a tralha guardada em sua garagem ou quintal?
- Como abrir uma garrafa de refrigerante sem usar abridor?
- O que fazer dentro de um carro parado?
- Como aprender russo em apenas 3 dias?

Tente responder a esses desafios e divirta-se. Você se espantará com a quantidade de ideias que surgem em apenas alguns minutos de brainstorming.

PARTE V - DINÂMICAS EXCLUSIVAS PARA GRUPOS

"O presente impõe formas. Sair dessa esfera e produzir outras formas constitui a criatividade."
Hugo von Hofmannsthal

Atividades em grupo

Pensamento de grupo é um tipo de pensamento excluir, que tenta minimizar conflitos e chegar ao consenso sem testar, analisar e avaliar criticamente as ideias. Durante o pensamento de grupo, seus membros evitam promover pontos de vista fora do pensamento consensual. Uma variedade de motivos para isto pode existir, tais como o desejo de evitar ser encarado como ridículo, ou o desejo de evitar perturbar ou irritar outros membros do grupo. O pensamento de grupo pode fazer com que grupos tomem decisões precipitadas e irracionais, excluir dúvidas individuais são postas de lado, por medo de perturbar o equilíbrio coletivo. O termo é frequentemente usado em sentido pejorativo. (adaptado de http://pt.wikipedia.org/wiki/Pensamento_de_grupo).

Desse modo, ao executarmos atividades em grupo, sempre precisamos evitar o pensamento de grupo. Lembra-se do ceticismo ativo? O pensamento em grupo geralmente não segue sua trilha e deve ser combatido. Além da ausência do ceticismo ativo, outra característica do pensamento em grupo é a manutenção da zona de conforto.

Zona de Conforto

Denominamos Zona de Conforto, um conjunto de contingências ambientais e comportamentos com os quais uma pessoa sente-se confortável, sem criar qualquer tipo de risco. Grosso modo, poderíamos descrever a personalidade de alguém de acordo com o sem alcance: pessoas bem-sucedidas, em quaisquer campos de atuação, precisam continuamente sair de sua zona de conforto. Imagine um sujeito que está desempregado e sem perspectivas de mudar essa situação. Ainda que a condição de desemprego seja um tanto quanto prejudicial para sua vida, deixá-la exige uma enorme quantidade de mudanças: buscar novas qualificações, estudar para algum concurso público, distribuir currículos por toda a cidade, dentre outras. Assim, para que o sujeito abandone a situação de desempregado, ele precisaria deixar a zona de conforto e ir em direção a novas soluções para seu problema.

Você se lembra da Lei da Inércia? Segundo ela, um corpo parado tende a ficar parado e um corpo em movimento tende a continuar em movimento. Esta lei pode ser comparada à zona de conforto. Assim como na inércia, uma pessoa que se estabilizou em sua zona de conforto tenderá a permanecer ali, sem ao menos colocar "um pé" para fora dessa situação.

Mas como sair dela? Para atingir este objetivo, a pessoa precisa experimentar comportamentos completamente novos e, consequentemente, obter resultados totalmente diferentes dos que vem obtendo. Vamos a um exemplo: imagine que você está completamente insatisfeito com seu trabalho. Ainda que o deteste, ele traz uma sensação de segurança que lhe impede de pedir demissão e buscar outro emprego.

Assim, a zona de conforto surge como um dos obstáculos para se desenvolver a criatividade de sua equipe. Certamente, alguns de seus companheiros dirão: "para quê treinar nossa criatividade? Já somos bons o suficiente!". Nesse caso, caberá a você esclarecer a importância de abandoná-la e sair em busca de novas possibilidades.

Antigamente, em meus workshops, eu costumava dizer a seguinte frase: "se você continuar fazendo aquilo que você sempre tem feito, acabará por conseguir os resultados que você sempre obteve". Com o passar dos anos, percebi que isso não é completamente verdadeiro: ao repetir as ações passadas, a tendência não é que os resultados deixem de melhorar! Na verdade, eles começam a piorar. Ainda que suas ações permaneçam as mesmas, o ambiente em que você está inserido está em constante mudança. Assim, a tendência é que seus resultados apenas piorem. A seguir, selecionei uma pequena fábula que mostra isso com bastante clareza.

Persistência *versus* mudanças

Contam que, certa vez, duas moscas caíram num copo de leite. A primeira era forte e valente. Assim, logo ao cair, nadou até a borda do copo. Mas, como a superfície era muito lisa e ela tinha suas asas molhadas, não conseguiu sair. Acreditando que não havia saída, a mosca desanimou, parou de nadar e se debater e afundou.

Sua companheira de infortúnio, apesar de não ser tão forte, era tenaz. Continuou a se debater, a se debater e a se debater por tanto tempo que, aos poucos, o leite ao seu redor, com toda aquela agitação, foi se transformando e formou um pequeno nódulo de manteiga, no qual a mosca tenaz conseguiu com muito esforço subir e dali alçar voo para algum lugar seguro.

Durante anos, ouvi esta primeira parte da história como elogio à persistência, que, sem dúvida, é um hábito que nos leva ao sucesso, no entanto...

Tempos depois, a mosca tenaz, por descuido ou acidente, novamente caiu no copo. Como já havia aprendido em sua experiência anterior, começou a se debater, na esperança de que, no devido tempo, se salvaria. Outra mosca, passando por ali e vendo a aflição da companheira de espécie, pousou na beira do copo e gritou: "Tem um canudo ali, nade até lá e suba por ele!" A mosca tenaz não lhe deu ouvidos, baseando-se na sua experiência anterior de sucesso e, continuou a se debater e a se debater, até que, exausta, afundou no copo cheio de água.

Quantos de nós, baseados em experiências anteriores, deixamos de notar as mudanças de ambiente e ficamos nos esforçando para alcançar os resultados esperados, até que afundamos na própria falta de visão? Fazemos isso, quando não conseguimos ouvir aquilo que quem está de fora da situação nos diz. (autor desconhecido)

Grupo *versus* individual

Conforme dito anteriormente, não existe problema que as atividades individuais sejam também utilizadas por grupos. Desse modo, todas as dinâmicas listadas no capítulo anterior podem ser facilmente adaptadas para trabalhos em grupo. Em contrapartida, as dinâmicas grupais nunca poderão ser feitas individualmente. Assim, é sobre essas dinâmicas que discutiremos neste capítulo.

SEJA O NÚMERO 1

INTRODUÇÃO

Quem não deseja ser o número 1? Nelson Piquet costumava dizer que o segundo lugar era o primeiro na lista de perdedores. No entanto, o desejo em ser o número 1 não é privilégio de esportistas. No mundo corporativo, é importante escolher um nicho comercial e, buscando a excelência, dominá-lo. Quem nunca ouviu falar do Google? Quando seus criadores foram questionados acerca da origem de tantas ideias inovadoras, a resposta foi simples: "apenas buscamos oferecer o melhor serviço o possível". Assim, a busca pela excelência é uma realidade no mundo atual.

Nessa dinâmica "Seja o número 1", abordaremos maneiras de se utilizar a busca pela excelência como um modo de gerar ideias. Tudo o que seu grupo precisará fazer é listar todas as qualidades que seu produto já possui atualmente e, em seguida, listar características que o tornariam o número 1.

OBJETIVOS

- Ajudar os participantes a gerarem o máximo de ideias criativas possível.
- Ajudar os participantes a aprenderem a utilizar atividades de geração de ideias.

PARTICIPANTES

Pode ser aplicada em pequenos grupos de quatro a sete pessoas.

MATERIAL NECESSÁRIO

- Para cada grupo: pincel atômico, flip chart e diversas folhas de papel.
- Para cada participante: um formulário e canetas.

FORMULÁRIO

Para utilizar a dinâmica "Seja o número 1", cada participante receberá um formulário contendo duas colunas: a primeira intitulada "Características atuais" e a segundo intitulada "Características para a excelência".

Tempo: 30 minutos.

PROCEDIMENTOS

1. Distribua entre os participantes os formulários referentes à atividade "Seja o número 1".
2. Instrua os grupos a listarem no formulário, em apenas uma coluna, todas as qualidades dos processos ou produtos a serem melhorados. Não inclua apenas as qualidades essenciais, mas também as acessórias ou supérfluas.
3. Após listarem todas as características, peça ao coordenador de cada grupo para anotar todas elas no flip chart. Mais uma vez, será utilizada apenas uma coluna para isso.
4. Instrua cada participante a preencher a segunda coluna de seu formulário, utilizando alguma qualidade que torna a característica listada anteriormente como a melhor possível. Por exemplo, suponha que você deseja melhorar um papel higiênico. Desse modo, poderia surgir na primeira coluna a características: folhas simples e macias. Em contrapartida, na segunda coluna poderiam surgir características como: folhas duplas, macias e cheirosas.

Características atuais	Características para a excelência
Folha simples Folhas macias	Folhas duplas Folhas macias e cheirosas

5. Após cada participante listar as características atuais e as características para a excelência, o coordenador de cada grupo anotará no flip chart todas as características para excelência listadas pelos participantes.

6. Finalmente, cada grupo fará um brainstorming acerca de ideias que possam possibilitar que cada característica de excelência seja alcançada.

DISCUSSÃO

Uma das grandes vantagens dessa técnica é que ela cria um ar de competitividade que auxilia o processo criativo. Ao listar as características atuais de seus produtos, os participantes se remetem aos produtos da concorrência e a possibilidade de "derrotá-los", com produtos ainda melhores e mais criativos. Mais uma vez, não se pode criar o risco de se censurar algumas ideias antes do período de avaliação.

Não se esqueça de criar um cartão de feedback para que os participantes possam emitir sua opinião acerca da atividade.

- A atividade foi útil para a geração das ideias?
- Qual momento da execução da dinâmica foi mais útil?
- O que foi mais desafiante?
- Em que outros contextos podemos aplicar essa dinâmica?
- Em uma escala de 5 a 10, como você classificaria essa dinâmica?
- O que você aprendeu?
- Quais ideias foram geradas e quais as mais interessantes?

EXPOSIÇÃO DE ARTE

INTRODUÇÃO

Quem nunca visitou um museu de arte? De acordo com o dicionário, podemos compreender a pintura como sendo a representação visual por meio das cores. No entanto, quando se estende o conceito de pintura até o campo da arte, seu significado se expande para muito além disso.

Um bom exemplo sobre essa expansão do conceito de pintura é o quadro "A persistência da memória", de Salvador Dali.

À primeira vista, esse poderia ser apenas um quadro sobre relógios que derretem. No entanto, na época de seu surgimento, o aquecimento global ainda não estava tão em voga. Na verdade, a flacidez dos relógios dependurados e escorrendo mostra duas preocupações humanas: o tempo e a memória. Insta salientar, que essa é apenas uma análise bem superficial acerca dessa obra:

um olhar mais atento poderia encontrar muitos outros símbolos e emoções evocadas por essa pintura.

Desse modo, uma mesma pintura pode despertar as mais diversas reações em cada pessoa. Ódio, medo, raiva, alegria... Todos podem ser evocados por uma mesma pintura – desde que observada por pessoas diferentes. Desse modo, por serem riquíssimas fontes de reações nas pessoas, as pinturas também são fontes riquíssimas de estímulos para a criatividade. Assim, grupos de criatividade podem utilizar desses estímulos visuais para gerarem ideias e se divertirem ao mesmo tempo.

OBJETIVOS

- Ajudar os participantes a gerarem o máximo de ideias criativas possível.
- Ajudar os participantes a aprenderem a utilizar atividades de geração de ideias.

PARTICIPANTES

Pode ser aplicada em pequenos grupos de quatro a sete pessoas.

MATERIAL NECESSÁRIO

- Para cada grupo: pincel atômico, flip chart e diversas folhas de papel.
- Para cada participante: um bloco de post-it, folhas de papel, tintas de diversos tipos e lápis coloridos.

FORMULÁRIO

Para essa dinâmica, não serão utilizados formulários. Cada participante receberá seu material (folhas de papel, tintas, canetas e lápis) e fará um desenho que represente a solução para o problema.

Tempo: 60 minutos.

PROCEDIMENTOS

1. Diga para cada participante, individualmente, desenhar uma figura que represente a solução para o problema ini-

cialmente apresentado. Esse desenho pode surgir por associação livre de ideias ou até mesmo pelo uso individual de algumas das técnicas de brainstorming listadas anteriormente neste livro. Diga que o desenho pode ser realístico ou abstrato e que o talento artístico não é importante. Nessa dinâmica, o que realmente importa é a impressão que cada desenho causará em cada um dos participantes.

2. Quando todos terminarem seus desenhos, diga para cada um colar o seu no flip chart ou nas paredes da sala.
3. Instrua todos os participantes para caminharem pela sala examinando cada desenho da mesma maneira como o fazem em museus. Quais seriam os significados velados existentes em cada desenho?
4. Peça para cada participante anotar nas folhas de post-it as ideias que as pinturas evocaram (uma ideia por folhinha do bloco).
5. Cada participante colará seus post-it no flip chart de seu grupo.
6. Cada grupo discutirá suas ideias e elegerá as melhores, para, posteriormente, discutirem com todos os participantes.

VARIAÇÕES

a. Peça que metade dos grupos faça um desenho abstrato e que a outra metade faça uma representação realística acerca da solução apresentada.

b. Outra variação seria permitir que todas as pinturas tenham participação de todos os envolvidos na dinâmica. Para isso, todos ficariam sentados em uma mesa fazendo seus desenhos. Após alguns minutos, o coordenador faria um sinal para que cada um passasse seu desenho para o participante ao lado. Em seguida, cada participante passaria a completar o desenho que havia sido iniciado anteriormente pelo participante ao lado. Novamente, após alguns minutos, o coordenador daria um sinal para que todos passassem o desenho em que estavam participando para o colega ao lado. Assim, o processo se repetiria até que todos tenham contribuído em todos os desenhos.

DISCUSSÃO

Não é preciso que os participantes tenham talento artístico para fazer essa atividade. Algumas vezes, desenhos com baixíssima qualidade artística acabam por evocar ideias mais criativas que aqueles muitíssimo bem feitos. A razão é simples: desenhos "malfeitos" acabam por aguçar a imaginação acerca do que eles seriam, tornando-se excelentes gatilhos para a criatividade. Durante a execução do exercício, surgirão desenhos realísticos e abstratos. Ao final da atividade, questione aos participantes se houve alguma diferença entre as pinturas abstratas e realísticas, no que tange a evocação de ideias criativas. Ao final da atividade, será preciso que os participantes lhe deem um feedback acerca daquilo que foi discutido e criado.

- A atividade foi útil para a geração das ideias?
- Qual momento da execução da dinâmica foi mais útil?
- O que foi mais desafiante?
- Em que outros contextos podemos aplicar essa dinâmica?
- Em uma escala de 5 a 10, como você classificaria essa dinâmica?
- O que você aprendeu?
- Quais ideias foram geradas e quais as mais interessantes?

CAIA NA REAL

INTRODUÇÃO

Todos já ouvimos alguma vez as expressões: "essa é a ideia mais estúpida que eu já ouvi", "isso nunca vai dar certo", "quanta idiotice", "caia na real!", dentre outras. Devido à existência da zona de conforto, nós temos uma tendência em reagir negativamente quando ouvimos alguma ideia inusitada. Geralmente, quanto mais inovadora, mais repulsa ela causa em nós. Essa reação pode ser descrita da seguinte maneira: "Se eu nunca ouvi falar ou se vai contra tudo o que aprendi até hoje, então não presta!".

Caia na real! Essa atitude negativa não trará qualquer benefício para nosso desenvolvimento individual ou em grupo. Na verdade, esse tipo de atitude consegue criar um clima bastante negativo entre os colegas de equipe, visto que todos passam a se policiar bastante, censurando todas as suas ideias.

No entanto, fique tranquilo! Existe um lado positivo em "cair na real"! Se utilizada corretamente, essa técnica pode ser muito útil para adaptar ideias que não foram aceitas no processo de avaliação do brainstorming.

OBJETIVOS

• Ajudar os participantes a gerarem o máximo de ideias criativas possível.

• Ajudar os participantes a aprenderem a utilizar atividades de geração de ideias.

PARTICIPANTES

Pode ser aplicada em pequenos grupos de quatro a sete pessoas.

MATERIAL NECESSÁRIO

• Para cada grupo: pincel atômico, flip chart e diversas folhas de papel.

• Para cada participante: um formulário e canetas.

FORMULÁRIO

O formulário para essa dinâmica não precisa de qualquer texto em especial. Você precisará de apenas uma folha em branco para que cada participante liste as duas piores ideias que surgiram no processo de brainstorming e suas respectivas adaptações.

Tempo: 30 minutos.

PROCEDIMENTOS

1. Distribua entre os participantes os formulários referentes à atividade.

2. Instrua-os a iniciarem uma seção de brainstorming por aproximadamente 15 minutos.

3. Cada participante é instruído a eleger, dentre suas próprias ideias, aquela que é mais impraticável ou estúpida. Essa ideia será escrita em um post-it e entregue ao coordenador de seu grupo.

4. O coordenador de cada grupo, de posse de todos os post-it com as ideias mais estúpidas, define as três mais impraticáveis dentre todas elas.

5. O coordenador de cada grupo anotará essas três ideias mais impraticáveis no flip chart e instruirá todos os participantes a iniciarem um novo brainstorming: como adaptar essas ideias e torná-las úteis e praticáveis?

6. Cada participante anotará suas novas ideias em seus blocos de post-it e as afixará no flip chart.

7. O coordenador lê todas as ideias e inicia a avaliação de todas elas.

DISCUSSÃO

Esse é um exercício muito divertido e interessante, principalmente para participantes que são excessivamente críticos. Nesses casos, o criticismo excessivo acaba por se tornar um combustível para o processo de brainstorming.

É surpreendente a maneira como ideias supostamente taxadas como "idiotas" podem ser utilizadas como estímulos para a geração de ideias simplesmente brilhantes. Ideias não precisam se encaixar perfeitamente aos seus problemas; elas também podem ser gatilhos para outras ideias, mais práticas e interessantes.

Como em todos os exercícios, ao final da atividade será preciso que os participantes lhe deem um feedback acerca daquilo que foi discutido e criado.

• A atividade foi útil para a geração das ideias?
• Qual momento da execução da dinâmica foi mais útil?
• O que foi mais desafiante?
• Em que outros contextos podemos aplicar essa dinâmica?
• Em uma escala de 5 a 10, como você classificaria essa dinâmica?
• O que você aprendeu?
• Quais ideias foram geradas e quais as mais interessantes.

PARTE VI - CONSIDERAÇÕES FINAIS

"A criatividade de uma nação está ligada à capacidade de pensar e teorizar, o que requer uma boa educação e, daí, partir para o inventar e, depois, ir até as últimas consequências no fazer."
Cláudio de Moura Castro

De nada valem os ensinamentos deste livro se você não mudar seus hábitos. Às vezes, vejo alguns alunos de grande potencial desistirem devido a pequenas coisas. Apenas saber os métodos não basta. Existe muita diferença entre saber o que deve ser feito e realmente fazê-lo. Já vi muitos empresários deixarem de ganhar milhões por falta de iniciativa. O dia de começar? Hoje.

A melhor forma de treinar os exercícios propostos neste livro é torná-los parte do seu cotidiano. Treine sua criatividade! Monte equipes de brainstorming! Não tenha medo de ouvir algum "não".

Lembre-se também de usar bem o seu tempo. Benjamin Franklin costumava dizer: "Amas a vida? Então não desperdices o tempo, pois essa é a matéria de que a vida é feita". Use bem o seu tempo ocioso. Se você está no ponto de ônibus, por que não fazer um pequeno exercício de brainstorming? Se você está esperando o seu dentista, por que não inventar novas utilidades para um cabide ou uma tábua de passar roupas? Cuide bem do seu tempo e estará prolongando a sua vida.

Para finalizar, faço uma pergunta: se o mundo acabasse amanhã, o que você faria hoje? Mudar o seu estilo de vida perante o apocalipse é o primeiro sintoma de que sua vida é infeliz. Não espere o momento certo para começar a mudar: a hora é agora. Veja, a seguir, um texto que exemplifica muito bem isso.

A galinha

Numa granja, uma galinha destacava-se entre todas as outras por sua coragem, espírito de aventura e ousadia. Não tinha limites e andava por onde queria.

O dono, porém, não apreciava estas qualidades e estava aborrecido com ela. Suas atitudes estavam contagiando as outras, que achavam bonito esse modo de ser e já a estavam copiando.

Um dia, o dono fincou um bambu no meio do campo, arrumou um barbante de aproximadamente dois metros e amarrou a galinha a ele. Desse modo, de repente, o mundo tão amplo que a ave tinha foi reduzido a exatamente onde o barbante lhe permitia chegar. Ali, ciscando, comendo, dormindo, estabeleceu sua vida. Dia após dia acontecia o mesmo. De tanto andar nesse círculo, a grama que era verde foi desaparecendo e ficou somente terra. Era interessante ver delineado um círculo perfeito em volta dela. Do lado de fora, onde a galinha não podia chegar, a grama verde, do lado de dentro só terra.

Depois de um tempo o dono se compadeceu da ave, pois ela que era tão inquieta e audaciosa, havia se tornado uma pacata figura. Então cortou o barbante que a prendia pelo pé e a deixou solta.

Agora estava livre, o horizonte seria o limite, poderia ir aonde quisesse. Mas, estranhamente, a galinha, mesmo solta, não ultrapassava o limite que ela própria havia feito. Só ciscava e andava dentro do círculo, seu limite imaginário. Olhava para o lado de fora, mas não tinha coragem suficiente para se "aventurar" a ir até lá. Preferiu ficar do lado conhecido. Com o passar do tempo, envelheceu e ali morreu.

Quem sabe esta história traz à memória a vida de algum conhecido. Nasce livre, tendo somente seus desejos como limite, mas as pressões do dia a dia fazem com que aos poucos seus pés fiquem presos a um chão que se torna habitual pela rotina. Olha para além do limite, que ele mesmo cria, com grande desejo e alimentando fantasias a respeito do que lá possa haver. Mas não tem a coragem para sair e enfrentar o que é desconhecido. Diz: "Sempre se fez assim, para que mudar? Ou meu avô, meu pai sempre fizeram assim, como eu iria mudar agora?".

Há pessoas que enfrentam crises violentas em suas vidas, sem a coragem de ir à frente e tentar algo novo que seja capaz de tirá-las daquela situação. Admiram quem tem a ousadia de recomeçar, porém, eles próprios, queixando-se e lamentando-se, buscam algum culpado e vão ficando no lugar, dentro do limite que só existe na sua imaginação.

As características do mercado sempre foram coroar com o reconhecimento aqueles que inovam, criam ou provocam situações que chamem a atenção. O segredo do sucesso está na criatividade. Criar significa pôr em prática alguma coisa que não existe. Arriscar significa correr o risco de perdas. Isto é fato, mas como se poderá saber o final da história se não se caminhar até o fim? (autor desconhecido)

BIBLIOGRAFIA

ALEXANDER, C., ISHIKAWA, S., & SILVERSTEIN, M. *Thinker Toys*. Berkeley: Ten Speed Press, 1991.
ALVAREZ, Ana. *Deu Branco*. Record, 2005.
ANDERSEN, H. R. *The idea of the Diamond Idea Group*. Chicago: Mitsubishi Heavy Industries America, 1991.
BARBOSA, Taine Thiers de Andrade. *A memorização ao alcance de todos*. Porto Alegre: Editor Autor, 1981.
BATE, J. Douglas e, JOHNSTON, Robert. E. Jr. *The power of strategy innovation*. New York: AMACOM, 2003.
BRICEÑO, E. D. "La creatividad como un valor dentro del proceso educativo". In: *Psicologia Escolar e Educacional*. Vol. 2, n° 1, 1998. p. 43-51.
BROTHERS, Joyce D. e EAGAN, Edward P. F. *Como desenvolver a memória*. Rio de Janeiro: Record, 1996.
BUZAN, Tony. *Head first*. London: Thorsons, 2002.
_____. *Head strong*. London: Thorsons, 2002.
_____. *How to mind map*. London: Thorsons, 2002.
_____. *Make the most of your mind*. London: Pan, 1988.
_____. *Master your memory*. Newton Abbot: David & Charles, 1988.
_____. *Memory visions*. Newton Abbot: David & Charles, 1989.
_____. *The brain user's guide*. London: E.P. Dutton, 1983.
_____. *Use your memory*. London: BBC Books, 1989.
CAMPAYO, Ramon. *Desarrolla una mente prodigiosa*. Madrid: Editorial Edaf S/A, 2004.
COSTA, Eduardo. *Giordano Bruno e a arte da memória*. Porto Alegre: Editor autor, 2007.
DE BONO, Edward. *Lateral thinking for management*. New York: American Management Association, 1972.
DELL'ISOLA, Alberto. *Super-memória: você também pode ter uma*. São Paulo: Digerati Books, 2008.
_____. *Super-memória para concursos*. São Paulo: Digerati Books, 2008.
_____. *Técnicas profissionais de memorização*. São Paulo: Digerati Books, 2009.
_____. *Treinamento prático em leitura dinâmica*. São Paulo: Digerati Books, 2008.

EPSTEIN, Robert. "Skinner, creativity, and the problem of spontaneous behavior". In: Psychological Science Vol. 2, n° 6. American Psychological Society, novembro de 1991.
EYSENCK, Hans. "As formas de Medir a Criatividade". In: BODEN, Margaret A. (Org.). *Dimensões da criatividade*. Porto Alegre: Artmed, 1999. p. 203-244.
FITZ-ENZ, Jac. *The 8 practices of exceptional companies*. New York: AMACOM, 1997.
GARDNER, Howard. *A nova ciência da mente*. São Paulo: EDUSP, 1995.
_____. *Atividades iniciais de aprendizagem*. Porto Alegre: ARTMED, 1996.
_____. *Mentes que criam*. Porto Alegre: ARTMED, 1996.
GOLFERA, Gianni. *La memoria emotiva*. Milano: Sperling & Kuepfer Editors, 2003.
_____. *Più memoria*. Milano: Roberti, 2007.
GUILFORD, J. P. "Creativity research: Past, present, and future". In: *American Psychologist* 5, 1950. p. 444-454.
_____. *The structure of the intellect model: its use and implications*. New York: McGraw Hill, 1960.
IZQUIERDO, Ivan. *A arte de esquecer*. Vieira e Lent, 2004.
_____. *Memória*. Porto Alegre: Artes Médicas, 2004.
JAY, Ros. *The ultimate book of business creativity: 50 great thinking tools for transforming your business*. Oxford: Capstone Publishing Limited, 2000.
JOHN, Erwin Roy. *Mecanismos de la memoria*. México: Trillas, 1977.
KARSTEN, Gunther. *Lernen wie ein Weltmeister: Zahlen, Fakten, Vokabeln schneller und effektiver lernen*. Erfurt: Verlag Goldmann, 2007.
_____. *Lernen wie ein Weltmeister: Zahlen, Fakten, Vokabeln schneller und effektiver lernen*. Erfurt: Verlag Goldmann, 2003.
KATZ, Lawrence e MANNING, Rubin. *Mantenha o seu cérebro vivo*. Rio de Janeiro: Sextante, 2000.
KINGET, M. G. *The drawing completion test*. New York: Grune & Stratton, 1952.
LORAYNE, Harry. *Como desenvolver o superpoder da memória*. São Paulo: Best Seller, 1970.
_____. *Memory makes money*. New York: Signet, 1989.
_____. *Secrets of mind power*. Hollywood: Lifetime Books Inc., 1995.

LUNA, Sierra de. *Mnemotecnia*. Madrid: Selecciones Gráficas, 1967.

MAI, Robert e AKERSON, Alan. *The leader as communicator: strategies and tactics to build loyalty, focus, effort and spark creativity*. New York: AMACOM, 2003.

MCPHERSON, Fiona. *Remembering intentions: how to remember future actions & events*. Capital Research Ltd, Outubro de 2004.

_____. *Study skills: effective notetaking*. Capital Research Ltd (March, 2007).

_____. *The memory key*. Capital Research Ltd, março de 2007.

O'BRIEN, Dominic. *How to develop a perfect memory*. London: Pavilion Books Limited, 1993.

OUTEIRAL, J. e MOURA, L. *Paixão e criatividade: estudos psicanalíticos sobre Frida Khalo, Camile Claudel e Coco Chanel*. Rio de Janeiro: Revinter, 2002.

PEREIRA, Daniela Forgiarini. *Um estudo sobre o Wartegg como medida de criatividade em seleção de pessoal*. Universidade Federal do Rio Grande do Sul, Instituto de Psicologia, Mestrado em Psicologia, julho de 2006.

SKINNER, B. F. *About behaviorism*. New York: Alfred A. Knopf, 1974.

TORRANCE, E. P. *Criatividade: medidas, testes e avaliações*. São Paulo: IBRASA, 1976.

VANGUNDY, Arthur B. *101 activities for teaching creativity and problem solving*. San Francisco: Pfeiffer, 2005.

VOIGHT, Ulrich. *Das Jahr im Kopf: Kalender und Mnemotechnik*. Hamburg: Likanas Verlag, 2004.

_____. *Esels Welt – Mnemotechnik*. Hamburg: Likanas Verlag, 2004.

WECHSLER, S. M. *Avaliação da criatividade por figuras: Teste de Torrance* (Versão brasileira). 2ª edição revisada e ampliada. Campinas: LAMP/PUC-Campinas, 2004.

WENGER, Win e POE, Richard. *The Einstein Factor: a proven new method for increasing your intelligence*. New York: Random House, 1996.

WYCOFF, Joyce. *Mindmapping*. New York: Berkley Books, 1991.

YATES, Frances A. *The art of memory*. London: Routledge & Kegan Paul, 1966.